U0079507

大樂文化

大樂文化

大樂文化

連卡內基都想學的

將心比心說話術

やわらかロジカルな話し方

在腦袋想 3 秒再出口，
會讓聽的人感受貼心 3 倍！

富樫佳織◎著
侯詠馨◎譯

CONTENTS

第2章 說出「有溫度的話」，讓人無法拒絕你！ 069

第3章 善用「邏輯表達」，讓人聽到立刻就懂！ 099

第5章

第6章

推薦序

溝通，是為了同感

快樂大學創辦人　熊仁謙

日常生活中，我們往往認為溝通是為了「表達自我」，讓別人懂自己。但人文社會學家告訴我們：溝通其實是人類達成協調、互相合作的關鍵能力，而且更重要的是分享彼此的感受，這也是哺乳類動物面對世界的方式。

溝通的真正目的不只是為了說明自己「在做什麼」，還應該要「與對方交換想法、達成同感」，這也是我在本書中看到的核心精神。

值得一提的是，本書不只提到「與對方達成同感」的核心精神，更以編劇架構分解對話順序，與讀者分享如何依照步驟達到說服的效果。書中內容正如書名所示，是將心比心的說話課。

推薦序

說服，說得讓人心裡舒服

GAS口語魅力培訓創辦人　王介安

說話是一種技術，也是一種藝術，但不是一種直覺反應。然而，多數人都用直覺反應來說話，因此常常使人際關係陷入危機。

我的團隊針對「說服」做過非常多研究。其實，說服和心理學有直接的關係，而其中非常值得思考的課題，在於「我們如何洞悉對方的心靈世界？」

本書探討日本的溝通風格，並特別將「感受」列為溝通說服的重點，這和我們在華語世界的溝通研究不謀而合。若能提升人心的正面感受，也就是對方對你的好感度，就能連帶地提升說服影響力。從「單純邏輯」轉化成「溫暖邏輯」的表達思路，和我們研究中「直接語法」轉化成「灰色語法」的概念相同。

本書提到的說服方式，看似是以人際導向為切入點，但不全然都在探討感性。

作者特別提出：在說服對方時，應該加入「數字」、「狀況」等理性線索，提升說服力。同時，對溝通對象的感受進行多元化的探討，例如：在意感受，卻不能過度在意，否則過猶不及，反而把溝通說服的事情弄擰了。

如果你習慣閱讀日本的工具書，會發現這類書籍的共同特色在於，建立清楚的應用框架，還會加上許多範例，將各種情境分門別類。本書應該能讓讀者看得輕鬆愉快、一目瞭然，並且方便運用。相信你只要隨意翻個幾頁，便能立刻發現本書提綱挈領，且便於閱讀。

說服，不是一時一刻。許多人認為說服是在短時內間讓人屈服，這樣的概念其實是大錯特錯。我們不可能僅用一杯咖啡的時間，就讓對方接受我們的想法，因為說服來自「說得讓對方心服口服」，而不是讓對方屈服。期待透過這本書，各位將成為一個讓人心情愉悅的說服高手！

前言
說話有溫度，才能有效說服他人

首先，向拿起本書的你致上真誠的感謝。

每個人進入社會開始工作後，總是會想：「希望成為說話高手」、「希望講話更言簡意賅」。你應該也是這麼認為，才會對本書感興趣吧？

老實說，我是個非常不會說話的人，所以總是花比別人多一倍的時間，在錯誤中不斷學習。之所以想寫一本關於說話方法的書，是希望分享我在工作中培養出的「溫暖邏輯」說話技巧，幫助那些跟過去的我一樣、有著同樣煩惱的人，在溝通交流時派上用場。

溫暖邏輯指的是在說話結構上多花一些苦心、多加一句簡單的話，用溫暖婉轉的方式，向對方表達有邏輯的內容。

舉例來說，假設我們必須在職場上傳達以下的訊息：

> 我們將針對工作方式，在公司內部進行問卷調查。結果將作為未來人事政策的參考。請於本週內自行至網頁作答。

平時，我們被各式各樣的工作追著跑，已感到疲乏不堪，當看到這樣的通知內容，難免有一股麻煩之情湧上心頭。不過，若調整語句順序，再加上一些話，會變得如何呢？

> 為了讓工作與生活更趨平衡，公司辦理關於工作方式的內部問卷調查，希望能將各位的意見反映在人事政策上。請至網頁填寫問卷，期限為一週。**各位同仁都忙著處理工作，不過這份問卷只需花十分鐘即可完成，能否請您幫忙填寫呢？**

開頭先說明這份問卷的目的，再說明填寫需要花多久時間，最後加上一句「能否請您幫忙呢？」將問題交由對方判斷，就會產生截然不同的效果。雖然文字上只有些許不同，但閱讀的人大多都會覺得「應該做得來吧」、「可以試試看」。

前言開頭也寫到，我過去是個非常不會說話的人，因此開始工作後，在說話上歷經許多失敗，可說不勝枚舉。我不斷從錯誤中學習，並且深刻反省。在這些經驗中，我發現一件事：**說話方式不是與生俱來的才能**。

我大學畢業後，進入NHK電視台工作。電視節目觸及的視聽者廣泛，不僅要提供正確資訊，還要以容易理解的順序製作，讓每個觀眾一看就懂。在第一線工作時，前輩總是告訴我：「要注意節目的表現手法，必須讓國中生到六十五歲的族群一次就能理解。」

而且，電視節目包括企劃、採訪、攝影、編輯、播出，是由各種專業人士及演出者合力製作而成。因此，所有參與者都要正確理解節目的意圖，才能完成一個好的作品。

我還是菜鳥導播時，覺得向採訪對象解說節目意圖，並向攝影師、錄音師、燈光師逐一說明，實在一項艱難的任務，所以總是感到十分沮喪。

在那之後，我開始以節目編劇的身份獨當一面，必須召集製作團隊發想創意，多了不少在眾人面前說話的機會。參加節目會議的工作人員各個肩負許多節目，總是非常忙碌。因此，我必須具備在短時間內決議事項的能力，才能準確明快地取得所有人的共識。不過，話說得太認真也不行，因為必須找出吸引人的話題，並簡潔地歸納結論。

這樣的訓練讓我學會明確、有趣的說話方式。我也觀察到，人氣節目的編劇前輩說話不僅風趣，還能簡要說明重點。

一直以來，我總是把「與別人溝通」當成工作核心。於是，我把自己的心法彙整成溫暖邏輯的說話術。

簡單來說，溫暖邏輯說話術是站在對方立場，感受對方心情與想法，同時充分表達自己意見的方法。具體來說，是「為了讓對方更容易理解，先用有邏輯的方式表達，再加入對方的想法、自己想說的話，就能確切傳達自己想說的內容」。

這個世上沒有不擅長說話的人，只是有些人不懂得如何充分表達自己的意見。如果能確切傳達想說的話，便能以驚人的速度快速推動所有事情。**溫暖邏輯不只是講道理，也是能讓對方感到有趣、感同身受的說話技巧。**

這一套說話術將帶來無限寬廣的可能性。基礎非常簡單，只需要準備便條紙和一枝筆就能實踐。接下來，讓我們一起學習溫暖邏輯說話術吧！

NOTE

IT'S A HAPPY QUARTER!

序章

上過卡內基的課
都知道，將心比心
才能溝通無礙！

善用邏輯加上感受，你和任何人都能溝通無礙

該如何明確表達自己的意見呢？這時候，我總會回顧自己還是菜鳥時，努力學習電視節目的編劇原則。

不只是電視的編劇，所有的劇本都是根據「起承轉合」及「序破急」的概念編寫（譯注：序破急源於日本能樂的結構，序是指背景介紹，相當於起；破是指轉折，相當於承、轉；急則是指結局，相當於合）。電視、圖書、電影的所有作品，都是根據這個結構編寫而成。

- **起：故事開始。**
- **承：事件發生。**
- **轉：解決事件。**

●合：故事結束。

人們在看電視時，通常會同時做其他事。但節目播出後，電視畫面不斷流動，沒辦法像書本一樣翻回去確認。因此，電視節目的製作人員必須學習節目的構成方法，讓觀眾透過不停流動的畫面理解其中內容。以下是編劇的基本概念：

●按照邏輯安排起承轉合。

●在片頭完整介紹節目訊息，同時提出問題。

●不要連續播出採訪、旁白、數據等相同內容。

●在節目中先建構出大的起承轉合，並在起承轉合的四個分類下，再分別製造起承轉合。

●提出問題後，一定要在「合」的部分出示答案。

我一開始任職的電視台，採用獨特的手法編寫劇本。他們將採訪內容寫在便利貼上，並全部貼在牆壁或是塑膠隔板上。在那之後，我總是使用便利貼來安排節目大綱。只要讓資訊「看得見」，就能客觀判斷故事的流程，以及是否需要補充或減少資訊。

為了方便觀眾理解節目內容，編劇必須站在客觀的角度。如果只在腦中思考，想法容易糾結在一起，因此整理內容時，可以把資訊逐一列在便利貼上。

這時，如果用顏色來區分資訊類別，會更容易理解。例如：粉紅色是「各畫面片段的主標題」、綠色是「採訪畫面」、藍色則是「訪談畫面」等。

把資訊寫在便利貼上，好處是可以隨時改變資訊順序，或是與其他部分搭配組合。這個方法對於我安排話題走向，有深刻影響。

圖 1 ▶ 使用便利貼的組合方法

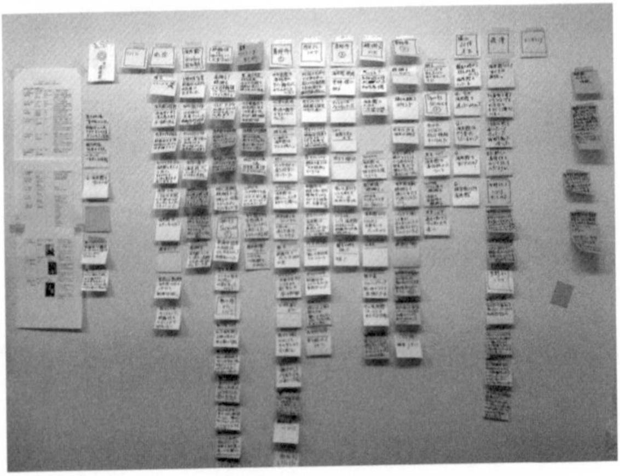

圖 2 ▶ 話題走向備忘錄

1. **主題**　決定與總公司開會的地點
   - 人數 30 人
   - 董事 5 人

2. **結論**　董事會議室最佳

   只有13:00~14:00
   有空檔

4. **確認事項**
   ① 一個小時開得完嗎？
   ③ 需要準備午餐嗎？
   ② 若一個小時開不完，能不能借用其他樓層的會議室？

3. **狀況**　由於接近月底，各部門都會召開會議（定期），能借用的會議室比較少。

5. **感受**　雖然連瑣碎部分都必須再三確認，但希望在安排上不會冒犯對方。

我從失敗經驗學到，討論前應該像安排節目的起承轉合一樣，先擬妥說話內容。如此一來，可以客觀審視自己想說的話，慢慢整理出更明確的內容。

平常說話時，**只要運用「主題」、「結論」、「數字」、「狀況」這四個要素，就能充分表達意見。**溫暖邏輯的說話方式，則是先寫下想傳達的內容，再以圖4的組成方法，按照容易理解的順序排列。

如果你只是用有邏輯而平淡的方式說話，人們容易左耳進右耳出，或是聽完就忘了。對話是一種溝通，並非單方面告知事實，而是要與說話對象共享心情，才會讓雙方覺得舒坦。

圖 3 ▶ 組成對話的四大要素

主題	主旨、要決定什麼事項？
結論	針對說話主題，先設想自己的結論
數字	主旨的數量、決定的期限、目標的數值。
狀況	是報告還是商量？好消息還是壞消息？

我們經常聽到的「communication」，其實源於拉丁文的「communis」，表示共通的事物、共有的物品。

最後應**加上溫暖的要素，也就是對方與自己的「感受」。以上五個要素便是溫暖邏輯的基本構成要素。**

我進入電視台、開始製作節目後，一直按照圖4的方法，將說話內容分成五大要素，再重新組合。同時，也學到不可光靠邏輯，而要將心比心，用溫暖、有趣的方式表達。

安排完要素後，必須站在聽者的角度客觀審視，調整剛才組合的順序。若把說話當作組合樂高積木，你會發現把話說得容易理解，其實是很簡單的事。

圖4▶ 溫暖邏輯注重「感受」的位置

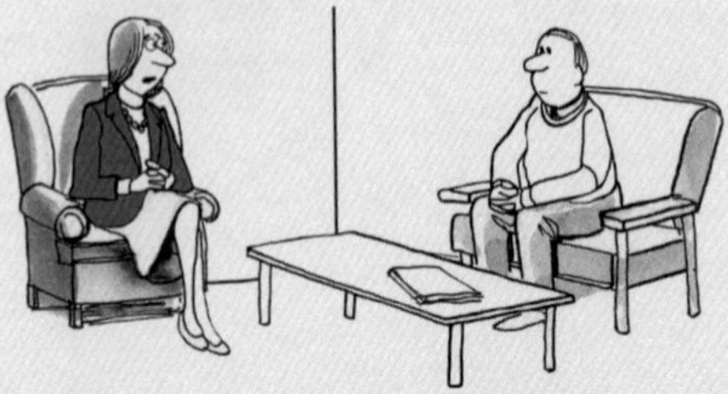

第1章

擅長說話的人，總是「贏在開場白」！

你是否擅長說話，關鍵就在開場白！

首先，我想教大家一個可現學現賣的技巧。**只要用一句話，就能讓你說話聽起來溫暖又有邏輯，關鍵在於把感受挪到開場白**，這個方法在各種情況下都很好用。

我從電視台導播轉換跑道成為節目編劇後，主要負責在節目企劃會議中與成員集思廣益、提出企劃，以及與節目導播開會。

節目會議的參加人數並不固定，少的時候有十個人，多的時候可能有幾十個人，我必須在大家面前說明自己的想法。參加成員包括二十多歲的助理導播、負責節目製作的導播，和統籌一切的製作人等，涵蓋的年紀、職務種類非常廣泛，每個人的立場也不盡相同。

當時，我總是想靠邏輯說服大家，因此屢次失敗。明明大家討論得很熱絡，但我總會加上一句：「我覺得○○，因為……」，使氣氛瞬間降至冰點。導播常常告誡我：「別把自己的意見看得那麼重要。」

相反地，若有當紅的節目編劇前輩在場，氣氛總是非常融洽。他明明毫不客氣地說出自己的想法，卻能贏得其他與會者的信賴。因此，我不斷觀察這些人氣編劇前輩，發現他們的說話方式有一個共通特徵：非常重視對方的心情與觀點，而且會將他人的想法凝聚成發表的「開場白」。

舉例來說，開會時大家總會提出很多想法，容易耗費大量時間，卻無法順利得出結論。其實，大家心裡都希望有人能歸納，卻不敢由自己承擔這個工作。

這時，前輩很會看現場氣氛，率先跳出來說：「雖然這不一定是正確答案，但我認為……。」其他人聽了這句話，不會覺得自己被強迫接受意見或是正確答案，而願意聽取對方的想法，再自行判斷結果。

有了這句開場白，通常很少會受到批評，或是被說：「不過你這樣說，實在……。」加上開場白，正是溫暖邏輯的說話方法。開頭先說出「（對聽者來說）這也許是錯的」、「（對煩惱的人來說）這也許不是正確答案」，顧慮對方的心情。

接下來，以有邏輯的方式敘述自己的想法，表達想說的話，於是聽者會願意傾聽不同的意見，大家能深入探討話題。只要注意開場白，就能充分吸收在場所有人的知識，並且進一步展開話題。

這個方法是把五大要素中的感受，挪到對話最前面。雖然只是在開頭加一句話，卻能得到相當好的效果。相信初次學習溫暖邏輯說話術的讀者，也能輕鬆實踐。

從下一頁開始，我將列舉各種不同的開場白。以「單純邏輯」表示有道理、簡潔有力的說法，以「溫暖邏輯」表示多了開場白的溫暖說話方法。

圖 5 ▶ 多加一句話就能確切傳達意見

○	✕
委婉的一句話＋想傳達的話	**想傳達的話**
雖然這不一定是正確答案，但我覺得……。	我覺得……。

在靜悄悄會議中，幫你打破沉默的第一句話是……

召集立場不同的成員開會時，每個人都有自己的想法，因此整合意見成了一份苦差事。在這種情況下交換意見時，贊同某個人的意見就好像是不贊同另一個人。

尤其是面對跨部門專案，每個部門都有各自的狀況與見解，乍聽之下很好的發言很有可能是別人的地雷。然而，不管在什麼情況下，交流意見後都必須歸納結果，這一點到哪裡都是一樣的。

● **開場白**

「雖然這不一定是正確答案。」

「我想每個部門都有不同的看法。」

● 情境

跨部門專案的初次會議。
針對客戶提案的意見回饋會議。
更改工作方針的會議。

● 效果

引導出各種不同的意見。
引導出對方意見背後的想法與觀點。

鼓起勇氣發表意見時，如果用「雖然這不一定是正確答案」當作開頭，就能以更溫暖的方式傳達意見。

開會時，如果無法廣泛、活躍地交換意見，所有人都會感到停滯不前，但如果一下子就歸納出結論，反而會破壞氣氛，甚至是引起反彈。

這時，刻意發表類似草案的想法拋磚引玉，能促使大家熱烈發表意見。既然作為草案，必須在開頭加上「雖然這不一定是正確答案」的前置語，而有了這個草案，自然會演變成要提出意見的局勢。這樣一來，即可消除「自以為是」、「強迫中獎」的印象。

對話範例

▼跨部門專案的初次會議

【單純邏輯】

「我們先設定專案的目標數值，再由各部門反推自己可以做什麼。大家覺得如何？」

【溫暖邏輯】

「**我想每個部門都有不同的看法**，不過我們先整理專案的目標數值，再由各部門反推自己可以做什麼。大家覺得如何？歡迎提出意見。」

對話範例

▼針對客戶提案的意見回饋會議

【單純邏輯】

「為了讓目標客群獲得新產品資訊，我認為使用推特（Twitter）的效果很好。」

【溫暖邏輯】

「**我想各位可能有不同的意見**，不過為了讓年輕族群獲得新產品資訊，使用推特應該會有不錯的效果。還有什麼方法更有效果呢？」

對話範例

▼更改工作方針的會議

【單純邏輯】
「為了讓營業目標成長到一．五倍，每位業務員的洽談次數應該增加為兩倍。」

【溫暖邏輯】
「雖然這不一定是正確答案，但為了讓營業目標達到一．五倍，也許我們應該讓每位業務員的洽談次數增加為兩倍。假如增加為兩倍，各位的工作時間大約會壓縮到什麼程度呢？」

用「雖然這不一定是正確答案」當作前提，與會者會覺得：「我也可以說些不一樣的意見。」然後，針對你拋出的主題，引發各種不同的意見，讓會議現場變得更活絡。

【重點】當各種不同立場的人齊聚時，必須營造出易於發言的氣氛，引導出各式意見。而且，除了表達自己的想法之外，應該刻意提出草案拋磚引玉，促使會議更加活絡。

工作時撥打電話，最好立刻報上名字

當你打電話給別人時，一定會先報上自己的名字吧。也許有人會說：「這是理所當然的事情」，但自從行動電話普及之後，越來越多人打電話時，不會先表明自己是誰。即使是工作上的電話，也漸漸出現撥打電話後，直接劈頭說起公事的人。

雖然我不清楚為什麼會出現這樣的狀況，但這些人大概認為「來電時會顯示自己的名字」。使用行動電話或智慧型手機時，確實會顯示來電者是誰。不過，應該不是只有我，會覺得接起電話後立刻進入正題的行為很奇怪吧。

● **開場白**

先報上名字。

● **情境**

撥打公司內線電話給其他部門的人。撥電話給首次聯絡的相關人員。

● **效果**

報上名字，先告知對方話題的主題。對話前緩和對方的情緒。

除了行動電話之外，越來越多人撥打公司內線，或是打電話給初次聯絡的對象時，不會先報上自己的名字。如果接起電話後，聽到對方先報上姓名和來歷，就能先做好心理準備。

若是與工作相關的人打來，你可以從語氣與聲音感受對方的心情，事先分辨「也許是報告好消息？」「這個時間點，應該是遇到麻煩了」，判讀接下來要聽哪些重點。

雖然我的經驗不多，不過其他部門的同事都誇我「打內線電話來時，感覺非常好」，這些反應著實讓我吃了一驚，因為這些評價和我過去的狀況正好相反。其實，我之前講電話時，語氣總是非常冷淡，經常被對方問：「妳在生氣嗎？」

我向他們探聽讓聽者感覺良好的理由，他們告訴我：「因為一開始一定會報上名字，讓人感覺很正式」。聽他們這麼說，我才開始留意、觀察身邊的人打電話的樣子，的確有很多人在撥打內線電話時，不會先說自己是誰。

撥打電話時，一開頭就表明自身來歷是理所當然的，不過這也是開場白發揮的強大效果。

對話範例

▼撥打公司內線電話給其他部門的人

【簡單邏輯】

「喂，您好。我要詢問剛才 mail 給您的宣傳稿，請問實際的截止時間是什麼時候？因為現在多了一個需要確認的地方，可能要等到下班前才能回覆。」

【溫暖邏輯】

「您好，我是鈴木！謝謝你的宣傳稿。我剛才已經把原稿 mail 過去了，請問實際的截止時間是什麼時候？因為寄完信後，又發現多了一個需要確認的地方，可能要等到下班前才能回覆哦。」

根據我的觀察，許多人打內線電話時不說出自己的名字，通常是因為跟對方熟識；而公司外部的人打電話來，沒報上姓名，通常是因為時間緊迫、急著說明。

撥打內線電話時，畢竟不是面對面說話，即使接電話的人是你非常熟悉的人，對方也難以掌握說話者的情緒。只要先報上自己的姓名，對方可以在談話前預測狀況，掌握情勢究竟是緊急、有點焦躁，還是情緒激動、可能有好事情發生。

雖然表明自己的身分，只是一瞬間的事，但能讓對方為接下來的談話做好心理準備，也能真正節省時間，甚至稍微減少說明。因此，緊急時刻更要重視開場白。接著，舉一個撥打外部電話的範例。

對話範例

▼撥打電話給首次聯絡的相關人員

【簡單邏輯】

「喂，您好。我想詢問關於貴公司提供問卷調查服務的事項。我們需要緊急調查消費者對公司產品的印象，可以請問調查的天數與費用如何計算嗎？」

【溫暖邏輯】

「喂，您好。這裡是**咖啡機製造公司，敝姓田代**。我想請教關於貴公司提供問卷調查服務的事項。我們想要緊急調查消費者對本公司產品的印象，可以請問調查的天數與費用如何計算嗎？」

此外，初次以電話聯繫工作相關的某個企業時，也許有人會猶豫到底該不該先說出自己的名字。

其中一個原因是，想先表達我方的需求，再詢問服務內容及費用。另一項則是心理因素，在於還不曉得會不會將工作委託給對方。

然而，如前面範例所示，用一句話報上自己的公司和工作內容，聽者對公司及商品會比較有概念，也更能思考如何回答。當對方想像到我方的需求，詢問的內容便更具體。

電話溝通時，因為看不到對方，更需要透過想像才能思考如何回答。因此，先報上名字讓對方安心，我認為是非常重要的步驟。

【重點】 撥打內線電話給公司內部的

圖6 ▶ 打電話，先報上大名

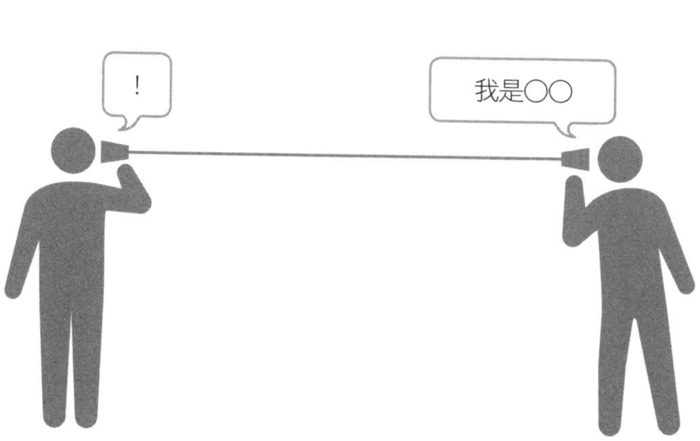

人，也一定要報上名字。如此一來，對方可以感受到你的狀況與情緒，不僅會讓對話更順利，還能給人留下好印象。而且，撥打電話給初次連絡的對象時，先報上公司名稱、業務內容，對方比較容易設想該回答的內容。

一開始加上流程思考，說服對方的成功率提高50％

當你在工作上推動的案子接近終點時，偶爾會發生客戶或主管突然翻臉不認帳的情況。然而，世界上就是有這種人，能毫不在乎地說出跟之前討論完全不一樣的內容，彷彿在這之前決定好的事完全不存在。

這時，有人內心難免會動搖，不小心脫口而出：「跟之前講的不一樣吧？」如果是你耗盡心力投入其中的案子，恐怕會讓你覺得更生氣。然而，出現翻臉不認帳的情況時，做這個決策的人不一定是與你對話的人，而且這種情況在企業中相當常見。

最常見的狀況是來自主管或更高層的決策，所以不得不放棄至今為止貫徹的努力。然而，對方身為一名社會人士，不可能直接明白地表示：「因為高層說不行。」因此，當對方隱藏更改方針的理由，容易讓人覺得心裡不舒坦。

雖然你無法改變高層的決定，但不要只是傻傻聽話，而要能說出自己的主張。這時候，你可以使用開場白：「按照目前的流程思考」。

● **開場白**

「按照目前的流程思考，……」

● **情境**

與客戶開會時，對方說出與討論結果不同的內容。主管表示要轉換目前在推動的工作方向。

● **效果**

理解對方的意見後進行論述。表示這不是你的個人意見，而是客觀意見。根據對方的主張，採取折衷方案。

這個開場白可以讓你先順著對方的意思，再表達自己的意見。不論對方想轉換或變更的內容，讓你多麼想大聲抱怨：「那我們至今為止的努力算什麼？」面對顧客、合作客戶或主管，你也無法如此直接表達意見。

我自己以前經常直接表達疑惑或不滿，但即使真的把話說出口，也不可能顛覆來自上層的力量，反而會讓對方覺得你很難搞。

如果你仍然有信心，認為「過去持續進展的方案」能帶來成功的結果，就應該積極提出折衷方案，讓對方再次與高層討論。這時候，你可以使用表示理解對方狀況的開場白。

對話範例

▼與客戶開會時，對方說出與討論結果不同的內容

【簡單邏輯】

「我明白您的意思，不過這與我們之前調查的方向不一樣，必須從頭開始做起。如果浪費太多時間，可能會影響調查的品質，要是再次變更，不是會造成更多的資源浪費嗎？」

【溫暖邏輯】

「按照目前的流程思考，由於這和我們之前調查的方向不一樣，必須從頭開始做起。如果浪費太多時間，可能會影響調查的品質，要是再次變更，不是會造成更多的資源浪費嗎？」

簡單邏輯雖然很有道理，不過聽在對方耳裡，卻像是在表達反對意見或批評。據說在英語的談話中，交涉時使用「we」當主詞比較容易成功溝通。因此，並非堅持自己怎麼想，而應採取與對方一起思考解決方案的態度。

「按照目前的流程思考」這句話的效果，與英語用「we」當主詞是一樣的，這如同溫暖邏輯的目的，就是接受對方的立場或狀況，給予對方「再共同討論一次」的印象。

對話範例

▼主管表示要轉換目前的工作方向

【簡單邏輯】

「我明白您的意思，可是考慮到至今為止投入的成本，以及參與人員的觀感，實在很難臨時改變方向。可以再與高層討論一次嗎？」

【溫暖邏輯】

「按照目前的流程思考，考慮到至今為止投入的成本，以及參與人員的觀感，實在很難臨時改變方向。可以再與高層討論一次嗎？」

在這種情況下，兩者看起來好像差不多，不過簡單邏輯先表示「明白對方的意思」，再提出「改變方向實在很困難」。然而，溫暖邏輯是以「按照剛才的流程思考」作為開場白，再提出「改變方向實在很困難」。

「雖然明白，但是不能改變方向」的說話方式，會給人否定的印象。另一方面，若「接受目前的流程思考，並表示方向無法改變」，字句中自然會流露訊息，讓人覺得在無法改變的理由中，有部分原因來自對方。因此，對方的態度也會轉為「原來如此，既然這樣，只好再想想別的辦法」。

溫暖邏輯的基礎在於用對方的觀點對話。不否定對方說的話，而是理解對方的企圖，再加入自己的意見，把球拋回給對方，就能給人溫暖的印象。

【重點】當對方翻臉不認帳時，反過來利用隱藏的理由，拋出折衷方案，能讓對方覺得你理解他的立場或心境。

一句「我沒有發覺呢」，可以化解酸言酸語的攻擊

接下來，介紹幫助你反擊負面情緒對話的開場白。為了能更圓滑順利地推動工作，必須全方位注意周遭的情況。特別是在大企業裡，即使努力拿出成果，也容易樹大招風。

讓我們一起回想平時與同事的對話。職場上最難應付的，就是同事指責你的缺點，或是訴說其他同事的八卦。這時候該怎麼應對才好呢？

同事的指責有時候是從中學習的好機會。然而，有時候只是對方純粹想找你的碴。這時，你別直接跟對方吵架，不妨試用以下的話當作開場白。

●開場白

「我沒有發覺呢。」

● **情境**

同事指出你工作方式的缺點時。

同事向你說其他同事的壞話時。

● **效果**

避免吵架。

不會成為職場八卦的共犯。

讓對方覺得自討無趣。

舉例來說，你接到一份工作並認真處理時，同事突然對你說：「你這一套方法以前都沒成功過，可以換一套嗎？」

或許許多人不曾聽到同事說這種話，不過我真的被這樣說過，感到非常驚訝。如果說話者是主管或是有決定權的人，你可以把它當成正式意見，並思考應對的方法。不過，沒有決定權的同事說出這種話，只會讓人徒增煩惱。我經過一番苦思後，決定用「我沒有發覺呢」這句話反擊。

對話範例

▼同事指出你工作方式的缺點時

【簡單邏輯】

「為了成功推展目前的專案，我認為自己採取最適合的方法，也得到主管的認可。」

【一句話反擊】

「我沒有發覺呢。不過，為了成功推展目前的專案，我認為自己採取最適合的方法，也得到主管的認可。」

你裝作聽不懂、假裝知道對方是為你著想，並用開場白表示自己沒有惡意，對方即使對你有意見，聽了這句話也只能乖乖低頭。

假如對方以負面態度說話，有時候你只要回應一句「我沒有發覺呢」，就能迎刃而解。最好的辦法是盡量不要讓對方知道太多資訊，所以一句話反擊的效果很好。然而，如果你覺得今後對方還會老調重彈，只要在最後加上一句「得到主管的認可」，就能確實閃避攻擊。

職場上還有一種令人困擾的情況，就是當話題轉到討論其他同事的八卦時。一開始，本來只打算趁工作的空檔隨便聊聊，但對方突然聊起第三者的八卦，害你不知道該怎麼辦。這時最危險的，是你為了不破壞氣氛，也開始對八卦表達看法。

在職場談論八卦的人不會只說特定某人的事情，不論你的發言是正面或負面，都會成為他下一次的話題。

舉例來說，有人跟你說：「那個A根本沒在工作嘛，她的工作量頂多是我們的一半吧？其他時間都在跟別人聊天。」

聊八卦可以排遣職場上的無聊情緒，而為了排解壓力，與信得過的同事聊天也是一帖良藥。不過，建議大家最好不要參與，萬一真的被迫加入話題，不妨先聽聽對方的說法，再用「我沒有發覺呢」當作開場白回答。

對話範例

▼同事向你說其他同事的壞話時

【一句話反擊】

「這樣啊，我沒有發覺呢。」

為了接續話題，表達你的意見或是提出問題，其實都無法有效避免捲進八卦話題，所以只要回答「我沒有發覺呢」即可。如果對方懂得察顏觀色，便會立刻結束話題，如果他還要繼續說下去，你只要持續附合：「這樣啊，我完全沒有發覺呢。」

「沒有發覺」這句話既不否定也不認同對方的說法，只要表現出「我就是連這種事都沒在注意的人」，既不會違逆愛講八卦的人，事後也可以避免被捲入「他也這麼說」的情況。

【重點】面對攻擊與八卦等負面情緒時，可以反覆用「我沒有發覺呢」來應對，不對說話內容表示意見，不否定也不肯定對方的意見。

遇到辦公室大叔言語騷擾怎麼辦？聰明回話就能閃避

這個主題作為補充，告訴大家如何用一句話閃避騷擾發言。

在男性較多的職場上，特別是一起去喝酒聚餐等非正式的情況下，年輕女性容易被問一些私人的問題。我工作的職場也偏男性社會，剛進入社會之際，我常被人問一些自以為善意的私人問題。

與同事小酌聚餐時被問到私人問題，我會覺得很痛苦、心情很沉重，因為我不想跟公司的人說自己的隱私，更別說是談論戀愛方面的事。

為了保留隱私，我思考各種四兩撥千金的方法，教大家如何聰明迴避這種騷擾發言。這時，我們可以用一句話反擊。

● 一句話反擊

「你怎麼會這樣覺得呢？」

● 情境

和同事一起去小酌時，大叔不斷打探你的隱私。

大叔說：「妳一點也不像女生，女孩子就是要細心點啊。」

● 效果

不用公開自己的隱私。

用問題回答，不會中斷對話。

反過來引導出大叔想說的話，讓他心滿意足。

有時也能意外得知第三者的看法。

這個回話僅適用於「被打探個人隱私」、「被說教」等，讓人不知道該如何回答，或是不想回答的騷擾情境。

雖然面對大叔自以為親切的提問很麻煩，但畢竟是工作，不能置之不理或翻臉。

不過，這種狀況遇到幾次之後，我發現愛問東問西的大叔，不管你回答什麼，一定都會否定你的回應，並說出自己的論點。

假如對方問：「你有男朋友嗎？」如果你回答「有」，他可能會說：「平日還要喝酒應酬，那麼晚才回家，你男朋友真可憐。」唉，早知道就不回答了。

相反地，如果你回答「沒有」，對方可能又會說：「平日還要喝酒應酬，那麼晚才回家，交不到男朋友也很正常。你可要好好想清楚喔。」唉，又輸了。

我年輕時若聽到這種問題，腦袋經常陷入當機狀態，只會一根腸子通到底回答：「別問我這種問題」，把氣氛搞得很僵。我嘗試過各種不同的回答方式後，發現「不管回答YES或NO，大叔都要說教」的法則。

當我發現「大叔說教」法則之後，瞬時覺得肩膀扛著一股非比尋常的重擔。我當時心想：要在社會上走跳，有沒有什麼方法能躲過這麼麻煩的對話呢？

上天聽到我的心聲，讓我在一次偶然的機會中，找到能解決這個煩惱的一縷光明。

某次，有一名女主播前輩也一起參加聚餐。前輩已結婚，而大叔像平常一樣，用一些無憑無據的私人問題來轟炸，例如：「你在家會不會煮飯啊？」「是不是面臨離婚危機？」我觀察到前輩面對所有的問題，都回答：「你怎麼會這樣覺得呢？」

大叔：「你只顧著出外景節目，是不是都沒回家啊？」

前輩：「你為什麼會這樣覺得呢？」

大叔：「因為你已經出了好幾天外景，今天還來和大家喝酒不是嗎？你在家會不會煮飯啊？」

前輩：「煮飯嗎？你怎麼會這樣覺得呢？」

大叔：「不煮飯的話，老公一定很可憐吧。」

前輩：「真的嗎？我家老公也會這樣覺得嗎？」

大叔：「一定會啊。我看這樣下去就要面臨離婚危機吧？」

前輩：「那就麻煩了。真的會這樣嗎？」

雖然對話持續，但前輩完全沒回答對方向自己提出的問題。也就是說，用問題拋回去，讓對方沒有可發揮的機會。而且，重複提問的過程中，還能引導出對方的想法，真不愧是專家。

這個厲害接話術技巧兼具兩個效果：「不用公開自己的隱私」、「用問題回答，不會中斷對話」，而且還不會破壞氣氛。當時真的讓我看得目瞪口呆。

我對女主播前輩的說話方式十分感興趣，同時對大叔的論點（「忙著工作的女人不會回家」→「一定沒在煮飯」→「離婚危機」）感到一肚子怒火。然而，大叔明明沒得到答案，還是滿臉開心，因為他只顧著講述自己的論點，就可以說得很愉快。

這就是一句話反擊的第三個效果：反過來引導出大叔想說的話，讓他心滿意足。雖然對方的意見讓人聽得火冒三丈，不過，與其說出自己的答案，能看淡一切的成熟心態更為重要。

第四個效果：意外得知第三者的看法，對自己產生助益，也是擁有成熟心態的表現。隨著年紀增長，不像年輕時容易被問一些私人問題，反而是「你不結婚嗎？」「有沒有為將來打算？」這類沉重的話題逐漸增加。遇到這種情況，用問題回覆仍然是不變的鐵則。

大叔：「認真工作也是很好啦，但你不打算結婚嗎？」

我：「你怎麼會這樣覺得呢？」

大叔：「因為不管怎麼看，你看起來不打算結婚啊。」

我：「真的嗎？你怎麼會這樣覺得呢？」

大叔：「因為你個性很強勢、好勝又不服輸嘛。看你總是想要把工作做得完美，根本沒有私生活吧。」

我：「原來如此……」

以上是真實發生的對話，當我不斷重複提問：「你怎麼會這樣覺得呢？」「為什麼會這樣？」也是給自己的一個機會，得知自己在他人眼中是什麼形象，以及自己有什麼缺點。然而，發現這些事總是讓我覺得肩膀更加沉重，因此就結果來說，與公司的人喝酒聚餐，容易讓人感到疲憊。

對於不想回答的話題，就用問題拋回去，這個技巧在任何場合都適用。不只是女性，當男性被親戚、前輩或主管詢問不想回答的問題時，也可以運用。

雖然這是個萬用技巧，我卻用得還不熟練，因為當我用問題回答對方時，總是面露覺得麻煩的樣子，而招惹對方生氣地說：「不是你問我的嗎？」因此，用問題回答時，要營造出讓對方覺得你對話題感興趣的氣氛。

【重點】面對騷擾發言，請重複用一個問題答覆。

平常多累積不同版本的問題，例如：「你怎麼會這樣覺得呢？」「真的是這樣嗎？」「要怎麼做才能○○呢？（交到男朋友、結婚）」「○○先生會怎麼做呢？」緊要關頭就能口若懸河。

而且，當對方聽到你用問題答覆時，會提出自己的建議。

圖7▶ 不想回答的內容，全都用「問題」拋回去！

為何會詞窮？因為平常沒蒐集對方感興趣的話題

將感受的要素應用在開場白，可說是幫說話者與聽者做暖身運動。此外，在對話開始前，如果能有效暖身，也能讓閒聊變得更愉快。不過，有時候會遇到連閒聊都有難度的情況，有些話題甚至使氣氛變得更糟糕。

其實，只要懂得從對方的觀點思考話題，別光顧著自說自話，而是選擇對方想聽的內容，就不會感到困擾。

如果不是初次見面的對象，過去應該都曾聊到對方的興趣和嗜好。一旦看到對方可能感興趣的話題，在下次見面前將話題存在信箱，就能更簡單地找到閒聊的內容。

你平常瀏覽新聞或網站時，只要覺得「那個人應該會喜歡這個」，或是「下次開會時可以用這個資訊」，不妨直接用電腦或智慧型手機將網址寄到自己的信箱。

我會在標題註記對方的名字與話題寄給自己，例如「小早川先生：足球」。如此一來，事後搜尋時只要輸入關鍵字，就能輕鬆瀏覽儲存的資訊，這是我在擔任節目編劇時養成的習慣。

當時，我每週都要提出許多節目企劃案，但容易忘記不經意看到的資訊，導致事後尋找時非常麻煩。自從使用智慧型手機，儲存題材就更方便。

即使你完全不懂對方的興趣與嗜好，也可以配合對方喜歡的話題，更容易和對方聊起來。

舉例來說，經常和我一起開會的人大多是足球迷，可是我至今仍然跟不上他們討論足球的話題。

因此，我平常看到足球相關的資訊時，會先看一遍，思考下次與對方開會

圖 8 ▶ 找到資訊後，存在信箱裡！

時，可以問對方人什麼問題。只要你提問，對方一定會從各種不同的觀點提供資訊，讓你既能藉這個方法得知對方的人品，還能獲得自己不知道的知識。

把這些資訊寄到自己的信箱後，便可利用交通時間查看內容，並同時模擬對話，我認為非常方便。

【重點】 用對方的觀點挑選閒聊話題會比較輕鬆，你可以利用信箱記錄平常累積的資訊，同時查看不瞭解的話題，思考該如何請教對方。

CHECK LIST

- ☑ 首先嘗試加上關心對方的開場白。
- ☑ 開會一直沒人發表意見，先用「雖然這不一定是正確答案」當作開場白，提供草案讓大家更容易發表意見。
- ☑ 打電話時一定要先報上名字：「您好，我是○○！」
- ☑ 想表達與對方不同意見時，用「按照目前的流程思考」，表示理解對方的立場，同時聰明出示自己的主張。
- ☑ 不小心捲進八卦現場，或是受到不適當的批評時，用「我沒有發覺呢」讓自己置身事外。
- ☑ 遇到騷擾的發言、不想回答的問題時，用「你怎麼會這樣覺得呢」反問，讓對話繼續下去。
- ☑ 利用閒聊為對話暖身，並在日常生活中，收藏對方可能感興趣的話題。

專欄 1

說話以「對方根本沒在聽」為前提

開會中，若話題轉到新手身上時，通常新手只是負責炒熱氣氛，並沒有實質的機會可以發言，難免會讓人感到不安。不過，當獲得發言的機會時，不要總是堅持自己的主張，試著站在對方的角度思考也很重要。

乍看之下，這似乎是個矛盾的概念，但只要把對話當成資訊的需求與供給，就很容易理解。在小組討論或開會時，需求是成員想獲得的資訊、要決定的主題等。即使你說出的意見多麼才華橫溢，一旦不符合需求，便無法產生任何作用。

舉例來說，想像你參加房屋仲介的會議，要負責開發過去完全沒接觸過的地區。即使你是一名業務冠軍，發表的經驗真的都符合聽者的需求嗎？大家更感興趣的可能是當地居民的生活型態、家庭組成、熱門案件的市場行情，這才是聽者的需求。

當你拿出令人感興趣的資訊，對方才會聽你說話。這話聽起來理所當然，不過執行起來可不容易。

開會或小組討論時一定有主題，你應該在事前準備時，設想需要哪些資訊，並著手調查與蒐集。如果你知道與會者是誰，就能想像他們想要的資訊來把握需求。平常閒聊時，注意周遭人們想知道的事，也可以發揮不錯的效果。

也許大家認為，製作節目是表現自己想做的事，或是做自己喜歡的事，但事實正好相反。我參與製作電視節目時，每個決策都必須基於「觀眾想看什麼」來做決定。無法滿足觀眾的需求，就沒有資格稱為產品。電視本來就是一種讓人邊做事邊看的媒體，你必須設想觀眾可能一邊觀看電視，一邊做家事、用智慧型手機聊天，或是做其他事。

電視的觀看環境，不像電影是在一片漆黑的電影院裡。因此，必須以「觀眾不會認真看」為前提，將視聽者關心的主題、關鍵字打散，使其平均分布。若是出國採訪的節目，則會徹底討論「如果要去某個國家，觀眾想看到什麼畫面？」「面積、人口、GDP等資訊當中，哪些能讓觀眾方便與日本做比較？」

對話也是同樣道理，必須滿足需求，對方才會聽你說話。在談論自己的主張前，先養成判讀需求的習慣，相信每個人都能學會討人喜歡的說話方式。

NOTE

第2章

說出「有溫度的話」，讓人無法拒絕你！

不經意得罪人嗎？
得聽聽溫暖邏輯3大優點

我從自己的錯誤經驗中不斷學習，發現對話就好像與某人一起開車去旅行。因此，本章會以開車兜風作比喻，告訴各位什麼是溫暖邏輯說話術。

首先，用溫暖邏輯的方式說話，會為你帶來好處。對社會人士來說，簡潔、易懂的說話方式是非常重要的技能，也會為自己和對方帶來許多幫助。具體來說，有以下三個優點：

1. 不浪費時間。
2. 給人留下好印象。
3. 對方更容易接受你的提案。

接下來，針對這三個優點，逐一進行說明。

1. 不浪費時間

我們決定開車兜風時，第一件事一定是設定目的地。如此一來，便可以掌握會花多少時間、最短路徑是哪一條。只要確定目的地，就可以決定出發後要去哪裡、走哪一條路，或是要不要順便去哪個地方。由於已先有個大致的雛型，上路後就不會耗費多餘的時間。

說話也是一樣。首先要決定說話的目的，接著就能簡潔地表達想說的話，甚至得以預見從對話引導出的結果。由於與談話對象擁有共同目標，便能節省雙方的時間。

2. 給人留下好印象

在開車兜風時，如果你坐在副駕駛座，卻不知道目的地在哪裡、要花多少時間才能抵達，會有什麼感覺呢？一般人搞不清楚狀況時，會感到不安，腦海中充斥著各種疑問，例如：現在到底要去哪裡？會花多少時間？在這段時間我應該做什麼？

相反地，得知開車兜風的目的地之後，除了能掌握時間，還能拿著地圖幫忙報路。同樣是開車前往目的地的過程，這段時間變得非常快樂。與開車的人產生共識，甚至感謝對方辛苦開車。

同時，如果說話時表明目的，讓對方理解自己該做什麼，會讓聽者對說話者產生好印象。若你能帶給他人好的印象，對方會更願意傾聽你說話。因此，這對說話非常有幫助。

3. 對方更容易接受自己的提案

開車兜風時，你可以向對方提出建議的目的地，若能具體地說明這個目的地的優點，你的提案會更具有說服力。舉例來說，你會建議該景點，可能是因為有溫泉、可接近大自然，或是可品嚐到當地才有的美食等。

當對方判斷你的提案內容時，你只要提出充分的材料，便能讓案子照著自己的期待獲得對方許可。

想讓對方容易理解並接受？記得掌握溫暖邏輯5要素

本書的重點在於，用簡潔、容易理解的方式，讓對方接受你想表達的話，同時在對話中引導出上一節提到的溫暖邏輯三大優點。因此，接下來將使用五個要素來思考說話方式。以下分別介紹溫暖邏輯說話術的五大要素。

1. 主題

● 對話的主題、對話的目的。

2. 結論

● 針對主題思考出的終點、透過對話決議的事項。

3. 數字

● 佐證結論的數字，例如：議決的截止日期、目標值、預算等。

4. 狀況

● 說話者所處的狀況，例如：是報告還是商量？是好消息還是壞消息？

此外，溫暖邏輯的五大要素中，最重要的要素是「感受」。

5. 感受

● 對方聽了前面的主題、結論、數字、狀況後產生的感受，也就是想像對方狀況後才說出的內容。

被拒絕怎麼辦？
預先構思如何表達能精簡又有邏輯

想要簡潔易懂地表達想法，其實只要有前四項要素（主題、結論、數字、狀況）就很足夠。我們以邀請他人一起開車兜風為例，來看看實際範例。

對話範例

「下次連假，要不要開車來趟當天來回的小旅行呢？」（主題）

「地點，我覺得箱根還不錯。」（結論）

「從東京市區出發約一個半小時就能抵達，開車也不會太累。而且聽說還有一家新開的日歸溫泉（譯注：在日本，泡溫泉大多會投宿於溫泉

旅館，而只利用溫泉設施的服務、當天來回，則稱為日歸溫泉），只要三千日圓。」（數字）
「不過，到箱根之後只有一條路可走，抵達目的地後，再前往溫泉可能會塞車，搞不好到箱根後還要再開一個小時。」（狀況1）
「如果你有不錯的候選方案，也可以提出來。」（狀況2）

說話要素

【主題】下次連假，想開車來趟當天來回的旅行。
【結論】覺得箱根還不錯。
【數字】從東京市區開車，單程只要約一個半小時，而且新開了一家三千日圓的日歸溫泉。
【狀況1】抵達箱根後，可能會塞車。
【狀況2】可以提出其他的候選方案。

接下來，我們試著以職場的對話為例。

對話範例

「關於公司辦公室內部的配置調整，以及選擇裝修案的業者。」（主題）

「我們請三家裝修業者提出報價單後，我想要選擇A公司。」（結論）

「拿到報價單後，雖然A公司比B、C公司貴了兩成，不過他們提供調整設計和配置的裝修，以及搬遷的套裝服務，不需要另外找搬家服務。跟別家比起來，整體成本比較低。」（數字）

「而且他們裝修用的壁紙種類也很豐富，是其他公司的兩倍，可以選擇更多不同的設計。」（數字）

「不過，他們手上的案子比較多，要等到下個月才能動工。」（狀況1）

「如果延期也不會造成影響，我比較想找A公司。」（狀況2）

說話要素

【主題】決議要請哪家業者調整辦公室配置。
【結論】想找Ａ公司。
【數字】根據報價的結果，Ａ公司成本最低。
【狀況１】Ａ公司很搶手，所以完工時期將會延後。
【狀況２】想聽聽大家的意見。

只要一開始讓大家瞭解對話的主題及目的，聽者更容易理解對話的目標，以及自己應該回答什麼。如此一來，對方便知道要把重點放在哪個環節，並掌握自己的回答。

最重要的是，向聽者指出「該回答什麼」，不僅可以縮短時間、讓說話者留下好印象，還能明確指出自己的目的，得到對方的回答。

將說話內容整理成不同的要素，便能透過對話，更淺顯易懂地將想法傳達給對方。說話難以理解的人有兩大特徵，第一是經常把不同目的的主題混在一起，並一口氣說完。第二是沒有先整理說話的順序。

話說回來，這四大要素組合而成的表達方式，雖然已經能構成有邏輯的內容，不會讓人覺得累贅，但聽起來總覺得有些冷淡。

前面提到說話要組合五大要素，但是「簡單邏輯」只用了四個要素。

只使用四個要素似乎讓對話少了人情味，因此最後要加上第五個要素「感受」，才能成為溫暖邏輯說話術。

圖9▶ 先扎實地組合四個要素

主題	話題、要決定的內容。
結論	針對主題設定的結論。
數字	話題的數量、議決的截止日期、目標值。
狀況	報告或商量、好消息或壞消息。

總是平鋪直述介紹產品？詢問製作的心情讓人身歷其境

當我還是菜鳥導播時，因為一次製作短片的機會，才領悟到感受在對話中的重要性。當時，短片主題是介紹京都的傳統家常菜，並請教定居於京都的料理專家，如何運用當地食材，將四季變化融入餐桌上的料理。

在前往外景地點的途中，主播前輩在車上深入地詢問我採訪的內容。

「劇本上寫著要說明料理，但我應該問料理專家什麼問題，才能完整表達他的意見呢？」

「咦？這個嘛，我想應該是請對方說明料理吧？」

「這樣的話交給旁白說明就行了。我們採訪對方最重要的意義是什麼呢？」

「這個嘛……我想應該是說明料理……。」

為了拍攝這支短片，我調查各種資料，包括京野菜（譯注：京都生產的蔬菜）及京都傳統家常菜的種類，並將它們整理好寫進劇本中。到底還有哪邊做得不足呢？我與主播前輩沒有得出結論，就開始拍攝。

沒過多久，我們面前便擺滿色彩繽紛的菜餚，主播開始訪問這位料理專家。雖然針對我們的詢問，對方依序詳細回答，也認真介紹每一道菜的名稱和特色，但訪問的過程非常平淡。

這時主播提出一個問題：「請問您在製作料理時，有沒有突然想起什麼事呢？」劇本上並沒有這個問題。

這位料理專家說，每次做菜時都會想起自己的童年。他經常在母親做好飯之前，到家裡附近邊玩耍邊等待。每當見到桌上的餐盤盛著美麗菜餚，都會與等待時看見的風景交疊。

這個提問讓眼前的料理看起來更生氣蓬勃，這是我即使查閱無數文獻，將說明整理得多麼簡潔易懂，都無法傳達的內容。

主播要訓練自己簡潔、完整地表達事實。而且，不僅說話要有邏輯，更要溫暖地傳達節目內容。正因為主播前輩能站在對方的角度發問，才有這種感受的交流。

透過這次工作，我才明白：刻意不觸碰自己的不足之處、沒站在聽眾和觀眾的角度，是我失敗的最大原因。

你身邊也有這種人嗎？總是平淡地列出數字與資料，說話非常有邏輯，但是好像少了幾分人情味。有時候，甚至覺得對方硬逼你接受他的意見，或是好像在對你說教。

坦白說，當我說話只單純組合四個說話要素時，對方經常會對我說：「你在生氣嗎？」「你只是硬要我接受你的意見。」

說話時依循四個要素組成架構，既不會浪費時間，又能獲得別人認同。但是，不管我說得再好，都沒有考慮到對方的感受。這個問題和主播前輩對我的指責如出一轍。

製作節目時，我總會先閱讀採訪對象的所有相關資料，再前往訪問。但做完這些事前準備後，通常已經對這名採訪對象瞭若指掌。

然而，從電視觀眾的角度來看，永遠都是第一次接觸這個資訊。因此，我在製作節目的過程中，不斷從錯誤中學習，試著找出第一次觀看的人想知道什麼？要用什麼順序說明才容易理解？

姑且不論在採訪過程中瞭解的事，持續思考「看節目的人會有什麼樣的感受？」「在哪個地方會出現哪些問題？」便能找出容易引起觀眾共鳴的表達方式。這段過程讓我發現，在對話中加入對方感受的重要性。

想要告訴某人某件事時，永遠要把對方當成從未接觸過這個資訊的人。不管你多麼瞭解接下來要表達的內容，對方都會覺得它突兀。因此，隨時站在對方的立場思考再發言，是十分重要的事情。

只是用說話的四個要素有邏輯地排列組合，無法引起對方的共鳴，也無法讓對方真心認同你的意見。

被指責回話冷淡無趣？其實添加一句話就增加溫度

有別於前面介紹的主題、結論、數字及狀況，**體會談話對象的感受，使對方產生共鳴，是第五個要素「感受」的作用**。前面四項是每個人都知道的事實，但感受則是具有完全不同作用的原創元素。

首先，思考彼此的感受後捫心自問：「自己對於談話的主題有什麼感覺？對方又有什麼感覺呢？」再根據上述問題，仔細整理這個流程。不可思議的是，只要在說話中加入感受，原本冷淡無趣的對話馬上就變得溫暖多了。

接下來，我們試著在前例的開車兜風及公司內部對話中，加入感受要素。

對話範例

「下次連假，要不要開車去趟當天來回的小旅行呢？」（主題）
「地點的話，我覺得箱根還不錯。」（結論）
「從東京市區出發約一個半小時就能抵達，開車也不會太累，而且聽說還有一家新開的日歸溫泉，只要三千日圓。」（數字）
「不過，到了箱根後只有一條路可走，抵達目的地後，再前往溫泉可能定會塞車，搞不好到箱根後還要再開一個小時。」（狀況）
「不過，雖然會塞車，但也順便欣賞美麗的風景，我們能在車裡聊一些平常沒機會聊的話題，這樣也很開心吧。」（感受）
「如果你有不錯的候選方案也可以提出來。」（狀況）

接下來，再以職場的對話範例來比較看看。

對話範例

「關於公司辦公室內部的配置調整，以及選擇裝修案的業者。」（主題）

「我們請三家裝修業者提出報價單後，我想要選擇A公司。」（結論）

「拿到報價單後，雖然A公司比B、C公司貴了兩成，不過他們提供調整設計和配置的裝修，以及搬遷的套裝服務，不需要另外找搬家服務，跟別家比起來，整體成本比較低。（數字）

「而且，他們的裝修用壁紙種類也很豐富，是其他公司的兩倍，可以選擇更多不同的設計。」（數字）

「不過，他們手上的案子比較多，要等到下個月才能動工。」（狀況1）

「雖然會花比較多的時間，不過在室內設計方面能做出更多選擇，也能為在辦公室工作的同事打造更舒適的空間。」（感受）

「如果延期也不會造成影響，我比較想找A公司。」（狀況2）

利用「肯定能」的說法，可以傳達對方的感受或是想聽的話。只要在相同的內容中補上感受，聽者也會覺得「的確如此」，進而認同並接受說話者的意見。

感受要素看起來像在訴說自己的想法，但其實是察覺對方或他人想法後產生的感受。

例如，開車兜風的對話中，提到「能在車上聊天，一定很開心」，這句話的感受可能源於自己與對方平常沒什麼機會聊天，而藉由聊天度過塞車的時間，也許更能共度歡樂時光。

綜合以上所述，對方可以根據數字、狀況，再參考自己的感受提出答案。

另一方面，在職場的對話範例中，提

圖10 ▶ 加入感受，轉化為溫暖邏輯！

到「為同事打造舒適的工作空間」。這句話可看出對裝修的堅持，出於想讓同事擁有更舒適的辦公室生活。當然，也包括聽取這份報告的最高決策者。

從聽者的角度來看，他們也依循數字、狀況，並想像自己舒適地待在辦公室的感受，而這一系列的畫面也會成為判斷材料。加入自己與對方產生共鳴的感受要素，就能用溫暖邏輯的方式，取代只是平淡說明事實的簡單邏輯說明方法。

對話的目的在於簡單易懂地表達事實。**只要加入感受要素，讓對方也覺得：「沒錯，就是這樣」，彼此都獲得同感後，便能讓對話更愉快，令人樂在其中。**

共享彼此的感受之後，能讓聽者融入對話的主題。簡單邏輯與溫暖邏輯的差異，就在於是否能讓對方感到雀躍不已。

小心！想獲得共鳴，不可說出口的禁語是……

我們已經介紹對話的基本要素，以及溫暖邏輯說話術中最重要的感受要素。然而，這五個要素之外，有一個要素絕對不能加進對話中，那就是「感情」。

6. 感情

- 加入對話很危險。
- 憤怒、抱怨、說壞話、怪罪對方等，自己心裡的主觀想法。

光是看到這些字眼，都讓人覺得煩躁。其實，不管是生活還是工作上的對話，不可能全都是成功或好事，討論如何解決問題或麻煩的對話反而比較多。這時，我們總會不經意地吐露感情。

以下雖然是同樣的範例，我們再用例子來探討。

對話範例

「下次連假，要不要開車來趟當天來回的小旅行呢？」（主題）

「地點的話，我覺得箱根還不錯。」（結論）

「從東京市區出發約一個半小時就能抵達，開車也不會太累，而且聽說還有一家新開的日歸溫泉，只要三千日圓。」（數字）

「不過，到了箱根之後只有一條路可走，抵達目的地後，再前往溫泉可能會塞車，搞不好到箱根後還要再開一個小時。」（狀況）

「**真是的，為什麼大家都要選在同樣的地方啊？好討厭。**」（感情）

「如果你有不錯的候選方案也可以提出來。」（狀況）

在對話中加入感情，會造成強大的破壞力。站在聽者的角度，去討厭的地方一點也不有趣，而且說話者自己也是假日會去同樣地方的人，這樣說可能讓氣氛馬上冷卻下來。

接下來，我們看看職場的對話範例。

對話範例

「關於公司辦公室內部的配置調整，以及選擇裝修案的業者。」（主題）

「我們請三家裝修業者提出報價單後，我想要選擇A公司。」（結論）

「拿到報價單後，雖然A公司比B、C公司貴了兩成，不過他們提供調整設計和配置的裝修，以及搬遷的套裝服務，不需要另外找搬家服務，跟別家比起來，整體成本比較低。」（數字）

「而且，他們裝修用的壁紙種類也很豐富，是其他公司的兩倍，可以選擇更多不同的設計。」（數字）

「不過，他們手上的案子比較多，要等到下個月才能動工。」（狀況）

「我之前去交涉看能不能想辦法趕一下，沒想到對方完全不理我。感覺很差。」（感情）

「如果延期也不會造成影響，我比較想找A公司。」（狀況）

這個例子也一樣，站在聽者的角度會認為：既然你都感覺很差，為什麼還要推薦這家公司呢？如此一來，對方不僅無法感同身受，反而會覺得其他公司比較好。我過去經常用這種方式說話，總是讓氣氛變不好。

感受與感情雖然是同義詞，不過字典中兩者的定義可說是天差地遠。

- **感受：感受事物時的心理、對事物的心情。**
- **感情：喜怒哀樂、好惡等，因感受事物而產生的情緒。**

感受是某個人感受事物時的心理。相對地，感情則是喜怒哀樂、好惡。感受的重點在於對象，包括對方的觀點，而感情可說是自己的觀點。

究竟是運用自己還是對方的觀點說話，表達方式會出現很大的變化。對話要有兩個人才能成立，若想要分享共同的主題、目的，應將重點放在傳達時，想像聽者聽到這些話會有什麼感覺和印象。

站在聽者的立場說話，並在對話中加入感受，表達方式將變得更圓滑、溫暖。

圖 11 ▶ 感情與感受的差異

CHECK LIST

- ☑ 用溫暖邏輯的方式說話，既不會浪費時間，還會給人留下好印象，最終促使提案通過。
- ☑ 溫暖邏輯由主題、結論、數字、狀況、感受五個說話要素所組成。
- ☑ 運用主題、結論、數字、狀況四個要素，就能組成俐落、有邏輯的談話內容。
- ☑ 四個要素再加入「從對方立場出發的感受」，就能引起共鳴，有效完成溝通。
- ☑ 感受是體會聽者情緒的發言。
- ☑ 感情是從自己的立場出發，主觀態度太強會讓對方留下負面印象。

專欄 2

東方人喜歡客氣溫暖，西方人喜歡直接表達

日本人討論工作時，通常會先閒聊「今天天氣不錯」，或是「你最近過得如何？」我每次與擅長閒聊的人開會時，總覺得對方很厲害，打從心裡佩服，同時又緊張地想：「該不會只有我這樣想吧？」

令我緊張的原因是，從閒聊可看出一個人的個性。**原本認為會直接進入工作正題，對方卻先和你閒聊幾句，這時只要觀察對方的態度，便能獲得各式各樣的資訊。**例如：當話題轉變時，對方能不能跟上？或是可以從假日活動的話題，窺知對方的興趣與個性。

另一方面，與外國人談話時，雖然也會從「最近如何」，或是「昨天發生什麼事」等輕鬆話題切入，但我反而不會像與日本人對談時那麼緊張。倒不如說，閒聊比較像是談正事前的暖身運動。

當我在工作上必須與外國人士交談時，會默默計算暖身運動結束的時機，並且事先反覆模擬如何切入正事。對話的順序也會從結論，而非主題開始。

從前，我曾經因為某個電視節目的企劃，而必須與美國的表演團體商談演出的事宜，因此我趁著該團體創辦人造訪日本的機會，直接與他洽談。由於他的訪日行程非常緊湊，所以我只有一次面談的機會。

對方是美國極為成功的表演團社長，我推測他的決策速度應該相當快速。於是我告訴自己，如果不能以簡短的說明讓對方覺得有趣，我說破嘴都沒有機會談成。

經過一番苦思與模擬，為了只有一次的機會，我決定直接告知對方自己的企劃與安排，希望可以將美國最先進的表演團體與日本傳統的藝能結合。

會議當天，我很榮幸能與創辦人見面，稍微閒聊後，我單刀直入地表示「希望與日本的傳統藝能合作」，並說明自己為什麼會有這個想法。商談從結論開始，表達感受後便結束。

結果，我真的非常幸運得到對方爽快地點頭答應，得以實現這次的企劃。當時我的主管也一起參與這次會議，會議後他對我說：「直接表明來意真是太好了。」而這段經驗也讓我體認到，與決策者協商時說不必要的話，反而會帶來負面效果。

除了這個例子之外，與日本人溝通和與外國人溝通還有許多完全相反的地方。現在你希望對方做什麼？你需要什麼？先表明結論，可以讓對方立刻回覆YES或NO，既不會浪費時間，也不用試探彼此的想法。相反地，如果你不能明確回答YES或NO，對方也不會想聽你說話。

不只是工作，出國旅遊時也一樣。不論是在飛機上請空服員幫忙、在車站買票，或是找人問路，先從結論說起，都能更順利溝通。

如果不明白對方的目的，自己也難以表態，因此我認為這種溝通方式非常乾脆俐落，對我來說反而輕鬆多了。所以，我用日文溝通時經常挨罵。

IT'S A HAPPY QUARTER!

第3章

善用「邏輯表達」，讓人聽到立刻就懂！

主題：清楚表明意圖，為對話做好暖身

第一章舉出幾個例子，說明當你想表達想法時，只要注意開場白，便能讓對話聽起來更溫暖、更有說服力。第二章則以開車兜風為例，介紹說話的五個要素。

在這一章我們要說明如何組合主題、結論、數字、狀況與感受這五個要素。**為了更簡單易懂地傳達自己的想法，使對方產生共鳴**，我將詳細說明它們的作用。**任何場合的對話，都要使用這五個要素排列組合、注意順序。**

首先，先讓我們從主題看起。跟別人說話絕對少不了主題「要說什麼」，也許各位會認為這是理所當然的事，但先讓我舉個例子解釋對話的主題。

● **職場**

想商量開發新事業的提案。

想商量請長假的時期。
想針對提交給客戶的文件尋求意見。
想調整送舊迎新會的日期。
想報告執行案件的進度。

● **朋友、家人**

想商量休假時想去哪裡旅行。
想詢問下個週末會不會用到車子。
想安排同學會的日期。
想商量如何分擔接送小孩上幼兒園。
想要徵詢新窗簾圖案的意見。

或許有人看完後會覺得奇怪，一般來說，列出主題時通常會採取條列的形式，例如：「關於開發新事業的提案」、「關於請長假的時期」。但本書所說的主題，卻是由主詞及述語構成，並且在述語表達想要做什麼。

只有說話者知道對話主題並不夠，讓聽者瞭解說話者想透過對話採取什麼行動也很重要。相信大家看過範例就能明白，對話的主題是你接下來要聊的內容。雙方都瞭解主題後，才有辦法做好準備傳接同一顆球。

對話範例

（OK）「我想跟你商量開發新事業的提案。」

（NG）「關於開發新事業的提案……」

對話範例

（OK）「針對提交給客戶的文件，我想聽聽你的意見。」

（NG）「針對提交給客戶的文件……」

對話範例

（OK）**「我想要調整送舊迎新會日期。」**

（NG）「關於送舊迎新會的日期調整……」

比較後有什麼感覺呢？OK的對話是聽者在詢問對方前，可以充分理解對方的要求，能夠考量應該要回答商量的內容，或是發表意見？由於在開口前做好心理準備，因此能同時思考應該把聽話的重點放在哪裡，並準備答案。

但不少人平常都是以NG例子的方式說話，多半會以「關於〇〇……」作為對話開頭。然而，這種說話方式，容易讓對方搞不清楚你想做什麼。

舉例來說，「關於送舊迎新會」的主題，究竟是探討日期、餐廳，還是適當的預算？這種對話開頭，容易讓對方抓不到重點。如此一來，聽者就必須在對話時推測主題，不僅會造成負擔，也可能在你講到一半時就說出文不對題的答案。

若沒有清楚表明「想做什麼」，對聽者來說一點也不體貼。主題就像印在書本封面上的書名，如果在書店看到平放的書本，書名寫著「創新的成功與失敗」，我們大致可以想像內容在寫什麼。但如果書名只寫著「關於創新」，通常難以猜測內容。對話也是一樣的道理。

【重點】使用「主題」要素時，只有自己知道對話的主題還不夠，一定要說出口、與對方共享，表明自己想做什麼。

圖 12▶ 在主題中，清楚表達「想做什麼」

結論：開頭揭露最終目的，令人好奇葫蘆裡賣什麼藥

提出主題後，還需要找出主題的終點，也就是結論。在前一節的最後，為各位整理的重點已提到，我們一定要將自己的想法說出口，與對方共享主題。

結論則是與對方共享「對話要以什麼為終點」。對話的目的是促進彼此理解，因此共享明確的主題及終點，可以讓對話更簡單易懂。接下來將沿用前面列出的範例，加上對話的結論來說明。

說話要素

【主題】想商量請長假的時期。

【結論】等手上的專案處理完後比較妥當。

說話要素

【主題】想報告執行案件的進度。

【結論】客戶的反應不太積極，有沒有詢問對方原因的方法或建議。

說話要素

【主題】想詢問下個週末會不會用到車子。

【結論】因為朋友週末要搬家，想使用車子。

即使是結論，也不能給人單方面表達自己主張的印象。只能用詢問的方式，提出「我認為這是最佳終點，你能認同嗎？」持續對話才是最終目的。

對話範例

（OK）**「我認為等手上的專案處理完後比較妥當。」**

（NG）「等手上的專案處理完後，我再請假。」

對話範例

（OK）「客戶的反應不太積極，有沒有詢問對方原因的方法或建議？」

（NG）「客戶的反應不太積極。」

對話範例

（OK）「朋友週末要搬家，我想用車子。」

（NG）「朋友週末要搬家，我要用車子。」

OK的對話中，聽者會先感受到「原來他是這樣想啊！」如此一來，自然會想要聽聽說話者的理由。聽者可以做好心理準備，再決定是否同意說話者接下來的結論與理由，或是有其他的看法。說話者先讓對方知道結論再傾聽下去，會讓人覺得講話清楚易懂。

NG的對話則是果斷說出結論。聽到你說「等到手上的專案處理完後我再請假」、「週末我要用車子」時，對方一定會覺得：「你都決定好了，幹嘛問我？」如此一來，會讓人覺得對話沒有意義，反而降低聽你說話的動力。**果斷說出結論雖然很明確，但結論應該是經由雙方對話的草案發展而成。**

以電視節目來比喻，主題及結論相當於片頭，而片頭是節目的重點，也就是摘要。

「今天，本節目將介紹這些內容。」（主題）

「採訪的過程中，竟然發現顛覆歷史的新事實！」（結論）

先表明主題與結論是製作節目的常態。或許有人認為，在節目開頭說出主題與結論，就沒有必要看下去，但這是錯誤的想法。

先說出結論反而能引起觀眾的興趣，讓他們覺得：「怎麼會這樣？」同時產生疑問：「真的能顛覆歷史嗎？」或是「顛覆歷史的證據是什麼？」引導觀眾想要繼續往下看的心理。對話也是相同的道理。讓對方產生「為什麼會這樣想？」的疑問，再進行對話的傳接球，由對方把球拋回來。

【重點】使用「結論」要素時，對話的結論不是自己的主張，而是對話的終點。提出草案，讓對方想瞭解為什麼會這樣想。

數字：加入具體客觀的根據，讓立論更具說服力

數字是工作對話中不可或缺的要素。不論是營業額的目標、交貨的截止日期，或是估價金額等，職場中每天都會接觸數字，這是客觀的指標、不可更動的事實。因此，客觀的數字是在多人對話中，扮演著通往結論的輔助判斷材料。

組合共享主題、提示結論後，讓聽者產生「為什麼會做出這個結論？」的疑問，並引導出對方的興趣，再提供補足結論的數字，會使說話內容更易懂。對話的數字與結論又分為「直接影響」和「間接影響」兩種。

說話要素

【主題】想針對提交給客戶的文件尋求意見。

【結論】想用這份文件給客戶簽約，已經補充資料加強說服力。

【數字】這份資料中最重要的是，近五年已增加三千億日圓，用於網路廣告行銷。

說話要素

【主題】想調整送舊迎新會日期。
【結論】調整日期最好在職務調動當週進行。
【數字】調職人員與新進人員在第一週工作還不會太忙。在預算上打算依照往例，每人五千日圓。

說話要素

【主題】想商量如何分擔接送小孩上幼兒園。
【結論】下個月將頻繁出差，希望減少自己接送小孩的次數。
【數字】一週內有兩次國內出差，想把這兩週的次數分配到其他週。

在此先分享我的失敗經驗。我年輕時，雖然能明確提出主題與結論，但支持結論的理由卻不夠清楚，因此經常被主管責備。例如：

「關於下次的節目企劃，我想聽聽您的意見（主題），

「外景地點目前希望能安排在箱根（結論），

「因為我覺得箱根很近，是個很棒的選擇（不清不楚的理由）。」

主管經常提醒我的說話方式，不能把「我」當成理由。

其實他說得一點也沒錯，因為支持結論的數字不只是客觀指標，還是你在與對方對話前，就已調查好的證據。就這個層

圖 13 ▶ 只要加進數字，就能讓對話變得更具體

面來說，對方看了調查好再提出的證據，也會感到安心。

提出支持結論的數字時，必須注意不要用自己主觀認為有趣，或是基於個人感情的數字。

說話要素

【主題】想針對提交給客戶的文件尋求意見。

【結論】想用這份文件給客戶簽約，已經補充資料加強說服力。

【客觀】這份資料中最重要的是，近五年已增加三千億日圓，用於網路廣告行銷。

【主觀】我認為智慧手機的普及，是網路廣告行銷費用增加的原因。

說話要素

【主題】想調整送舊迎新會日期。

【結論】調整日期最好在職務調動當週進行。

【客觀】調職人員與新進人員在第一週工作還不會太忙。在預算上打算依照往例，每人五千日圓。

【主觀】召集人在職務調動的一週後，工作會比較繁忙。至於預算部分，因為夏季獎金還沒發，所以一個人不要超過五千日圓。

說話要素

【主題】想商量如何分擔接送小孩上幼兒園。

【結論】下個月將頻繁出差，希望減少自己接送小孩的次數。

【客觀】一週有兩次國內出差，想把這兩週的次數分配到其他週。

【主觀】一週有兩次國內出差，其他週也很忙、很累。

客觀的角度可以讓聽者以數字為材料，判斷結論是否妥當。此外，若能充分表達事實，對說話者的信賴度也會提升。而主觀則是「毫無根據的說明」。各位讀者應該不會採取這種說法，不過當工作忙得焦頭爛額，或是疲憊不堪時，請特別注意一不小心就會說出主觀意見。

其實，有些提出主觀數字的人是懂得關懷別人的人，例如：「獎金還沒發，所以一個人不要超過五千日圓」，提出這個數字時，考慮過參加者的經濟情況。

然而，有時和別人對話時，如果想表達自己的關懷，更應該刻意提出客觀的數字。因為對方需要的是能根據事實做出正確判斷的材料。

好不容易才將主題和結論組合，即使想表達自己的關懷，聽在對方耳裡可能會變成「我很在乎這個數字」、「請依照我的行程安排」、「我下個月很忙」，反而留下負面印象。因此，傳達數字時，請以任誰看了都覺得客觀的角度作為基準。

【重點】使用「數字」要素時，數字是補強結論的材料，對話前應充分調查數字及資料、做好準備。此外，敘述客觀的數字作為結論，並避免在數字中加入個人主觀想法。

狀況：緊扣主題與數字，避免語意曖昧不清

接下來看狀況要素在對話中的用法。

說話要素

【主題】想商量開發新事業的提案。

【結論】與公司事業相關的新事業提案，實現的可能性非常高。

【數字】調查過去提出的新事業提案，如果與公司當前的事業範圍無關，採用並執行的比例不到兩成。

【狀況】我們部門負責活用雜誌的訂購資料，卻一直不見進展，是目前面臨的問題。

說話要素

【主題】想針對提交給客戶的文件尋求意見。
【結論】想用這份文件給客戶簽約，已經補充資料加強說服力。
【數字】這份資料中最重要的是，近五年來已增加三千億日圓，用於網路廣告行銷。
【狀況】由於客戶相當重視資料，所以刻意加入其他資料，但不知道份量是否太多。

說話要素

【主題】想調整送舊迎新會日期。
【結論】調整日期最好在職務調動當週進行。
【數字】調職人員與新進人員在第一週工作還不會太忙。在預算上打算依照往例，每人五千日圓。
【狀況】部門成員都很忙，因此希望盡快決定並公告日期。若能請部長幫助宣布，大家也會盡快回應。

說話要素

【主題】想商量如何分擔接送小孩上幼兒園。
【結論】下個月將頻繁出差，希望減少自己接送小孩的次數。
【數字】一週有兩次國內出差，想把這兩週的次數分配到其他週。
【狀況】其他兩週也要準備出差，應該會比較忙，希望能集中在前半週。

說明狀況時，同樣注意不要放入太多自己的主觀與感情。有一個簡單方法能檢視是否不小心放入感情，就是檢查狀況與主題、結論、數字是否確實連結。

說話要素

【主題】想商量開發新事業的提案。
【狀況】我們部門負責活用雜誌的訂購資料，卻一直不見進展，是目前面臨的問題。

↓將狀況「面臨問題」與主題「想要商量」連結。

說話要素

【主題】想調整送舊迎新會日期。
【狀況】部門成員都很忙，因此希望盡快決定並公告日期。若能請部長幫助宣布，大家也會盡快回應。

↓將狀況「請部長幫助宣布」與主題「盡快調整」連結。

說話要素

【數字】請搬家公司報價後，得知費用要六萬日圓，如果開車幫忙，可以省下約四萬日圓。
【狀況】搬家費用對朋友來說是一筆龐大的開銷。

↓將狀況「龐大的開銷」與數字「六萬日圓減少為兩萬日圓」連結。

說明狀況往往是對話中最瑣碎的部分，但只要檢視是否與對話的前後順序連結，不僅能把話說得更明確，對方也容易理解。如果在談話前有空檔，不妨寫下對話的順序，再次確認。

說話要素

【主題】想針對提交給客戶的文件尋求意見。

【狀況】

（OK）由於客戶相當重視資料，所以刻意加入其他資料，但不知道份量是否太多。

（NG）放了這麼多資料，一定沒問題。

如果一定沒問題，何必尋求意見呢？由於說話的順序和邏輯並沒有連結，聽者也會感到困擾，因此這只是純粹的主觀意見。

說話要素

【主題】想調整送舊迎新會日期。

【狀況】

（OK）部門的成員都很忙，因此希望盡快決定並公告日期。若能請部長幫助宣布，大家也會盡快回應。

（NG）本來想用郵件把內容寄給部門成員，不過大家的回覆時間不一致，遲遲無法決定。

說話要素

【主題】想商量如何分擔接送小孩上幼兒園。

【狀況】

（OK）其他兩週也要準備出差，應該會比較忙，希望能集中在前半週。

（NG）沒出差的那兩週可能也會早出晚歸，好累。

明明提出想商量的狀況，卻給人「經常早出晚歸，好累」的印象，於是對方只能回答：「真是辛苦你了。」由此可看出這裡放入說話者的主觀感情。

對話時，我們應朝向對話的終點，也就是結論前進，同時提供對方判斷的材料。

然而，即使想要前進，現實狀況卻無法順利進行，因此我們才需要商量、詢問對方的意見。

我們容易在說明狀況時，加進感情與個人對主題的看法。這時要狠下心拋棄自我觀點，並站在對方立場，好好思考需要告知對方的資訊。

【重點】使用「狀況」要素時，檢視狀況是否與主題或數字連結，並提供對方作為判斷材料的資訊。另外要特別注意，對狀況產生的感情並不是客觀的角度。

感受：站在對方立場思考，讓冷淡變得有溫度

接下來要說明第五個要素：感受。看了前面四個要素的介紹，相信各位只運用主題、結論、數字、狀況，便可以有條有理、清晰地表達你想說的話。

說話要素

【主題】想商量請長假的時期。
【結論】等手上的專案處理完後比較妥當。
【數字】從這個專案結束到下個專案開始前，有一個月的時間。
【狀況】下個專案開始前兩週會忙於市調工作。當前專案結束後是最佳時機。

這個對話架構簡單明快，可以清楚得知結論為何、終點在哪。我非常喜歡用四個

要素，組成如此乾脆俐落的架構。

然而，只用這四個要素組合而成的對話，常會讓人覺得：「你好像很生氣。」不少人跟我說過同樣的話，所以我努力思考，發現原來是只用四個要素表達想法感覺太冷淡。尤其以電話及郵件聯絡時，看不見對方表情，更容易產生這種感覺。

工作場合的對話也是如此，因為彼此都很忙，總是希望能在短時間內快速達到目的，電話和郵件往來當然也越簡短越好。不過，與別人共同推動企劃時，「引起共鳴」與效率一樣重要。

前面的章節中，我們已經介紹利用主題、結論、數字、狀況，與對方共享事實。最後第五個要素則是與聽者共享感受。**狀況應與主題、結論、數字連結，而感受也必須與其他要素互相連結。**

說話要素

【主題】想商量開發新事業的提案。

【結論】與公司事業相關的新事業提案，實現的可能性非常高。

【數字】調查過去提出的新事業提案，如果與公司當前的事業範圍無關，採用並執行的比例不到兩成。

【狀況】我們部門負責活用雜誌的訂購資料，一直不見進展，是目前面臨的問題。

【結論2】仔細調查可以使用這些累積的資料提供哪些服務，試著向其他公司提案？

【感受】若能擴大運用範圍，便可帶來更高的價值，這份工作會更具意義。

說話要素

【主題】想調整送舊迎新會日期。

【結論】調整日期最好在職務調動當週進行。

【數字】調職人員與新進人員在第一週工作還不會太忙。預算打算依照往例，每人五千日圓。

【狀況】部門的成員都很忙，因此希望盡快決定並公告日期。若能請部長幫助宣布，大家也會盡快回應。

【感受】百忙之中麻煩您處理這些小事，真是非常抱歉。

說話要素

【主題】想針對提交給客戶的文件尋求意見。
【結論】想用這份文件給客戶簽約，已經補充資料加強說服力。
【數字】這份資料中最重要的是，近五年已經增加三千萬日圓，用於網路廣告行銷。
【狀況】由於客戶相當重視資料，所以刻意加入其他資料，但不知道份量是否太多。
【感受】希望能借重部長的經驗，告訴我最適合的份量。

說話要素

【主題】想詢問下個週末會不會用到車子。
【結論】因為朋友週末要搬家，想使用車子。
【數字】請搬家公司報價後，得知費用要六萬日圓，但如果開車幫忙，可以省下約四萬日圓。

【狀況】搬家費用對朋友來說是一筆龐大的開銷。

【感受】平常唸書、考試都靠朋友幫忙，希望我也能盡一點力。

說話要素

【主題】想商量如何分擔接送小孩上幼兒園。

【結論】下個月將頻繁出差，希望減少自己接送小孩的次數。

【數字】一週有兩次國內出差，想把這兩週的次數分配到其他週。

【狀況】其他兩週也要準備出差，應該會比較忙，希望能集中在前半週。

【感受】總是有你在背後支持我，真的很感激！

感受要素會因為場面不同而出現少許差異，例如：與主管、同事的公事談話，會跟與家人、朋友等熟識的人談話有所不同。然而，不能大意的是，不論面對任何人，都要站在對方的立場、與對方共享感受。檢視與狀況是否有連結，便能得知是否順利共享對方的立場。

說話要素

【主題】想商量開發新事業的提案。

【狀況】我們部門負責活用雜誌的訂購資料，卻一直不見進展，是目前面臨的問題。

【結論2】仔細調查可以使用這些累積的資料提供哪些服務，試著向其他公司提案？

【感受】若能擴大運用範圍，便可帶來更高的價值，這份工作會更具意義。

「好不容易取得資訊，效果卻十分有限而感到可惜，因此希望做出改變，讓工作更有意義」，這個想法將狀況和感受互相連結。這不僅是說話者的個人感受，也是聽者部門主管及同事的共同感受。將感受說出口、化為語言，能讓更多人對新事業的提案產生共鳴。

說話要素

【主題】想調整送舊迎新會日期。

【狀況】部門成員都很忙，因此希望盡快決定並公告日期。若能請部長幫助宣布，大家也會盡快回應。

【感受】百忙之中麻煩您處理這些小事，真是非常抱歉。

若能由部長代為宣布，等於幫自己一個大忙。不過，考慮到對方立場，麻煩忙碌的部長處理這些小事，而感到抱歉。這時，好好表現出你理解對方當下的狀況，表達「我知道您很忙，但仍希望您能幫忙我」的感受，讓接到請求的人也能理解這個行為背後的意義。

此外，與聽者共享說話者目前對狀況的感受，也能讓感受要素發揮重要作用。

說話要素

【主題】想針對提交給客戶的文件尋求意見。

【狀況】由於客戶相當重視資料，所以刻意加入其他資料，但不知道份量是否太多。

【感受】希望能借重部長的經驗，告訴我最適合的份量。

這段例文中，傳達出「你是不是也有相同的經驗？」的感受，並且與聽者分享自己目前的狀況。

這個表達方式不僅能讓聽者獲得資訊，還能進一步思考「自己過去遇到同樣情況時，是以什麼心情面對」。如此一來，聽者便能從實際經驗中，根據成功案例及執行過程給予建議，導出符合目的的結論。

如果只是漫無目的地詢問：「您覺得如何？」對方可能會回答他當下的感覺。如果你覺得對方的回答不符合期待，不妨針對詢問方式下一番工夫，也是一種方法。

我們經常聽到電視節目的旁白說：「你是不是也有過同樣經驗呢？」這是**為了讓收看節目的觀眾回想自身經歷，因為觀眾有過經驗便能共享感受，如此一來，就能有效吸引觀眾關心節目主題。**

說話要素

【主題】想詢問下個週末會不會用到車子。

【狀況】搬家費用對朋友來說是一筆龐大的開銷。

【感受】平常唸書、考試都靠朋友幫忙，希望我也能盡一點力。

這個案例不是出現於工作場合，而是與家人的對話，因此應該站在自己的立場表達感受。聽者想知道，為什麼朋友搬家要借車子？

如果聽者不瞭解原因，可能會認為「有需要借到車子嗎？」「話說回來，你為什麼要幫他搬家？」這種想法會讓對話偏離原來的目的。因此，你應該表達自己的感受，好好說明：「他平常就幫我不少忙，我想回報他」，便能讓聽者對說話者的感受產生共鳴。

下一個例子也是家人之間的對話，同樣是站在聽者的立場表達自己的感受。

說話要素

【主題】想商量如何分擔接送小孩上幼兒園。
【狀況】其他兩週也要準備出差，應該會比較忙，希望能集中在前半週。
【感受】總是有你在背後支持我，真的很感激！

站在聽者的立場，忙碌的不只有說話者，聽者也要調整忙碌的工作時間，並分擔家事與帶小孩。這時，你應該表達你理解雙方都很忙碌。

世界上有許多事情，無法做出機械性地調整，對方也不可能永遠爽快地答應你的請求。即使在艱難的狀況下，雙方都想愉快地朝向相同的終點。因此，體恤對方立場的話就十分重要。

【重點】使用「感受」要素時，不是以自己的角度表達，而是永遠站在對方的立場。關心對方的態度，才是最重要的目的。

感受可以讓對話產生共鳴，如果是困難的請求，更要將關心化為語言讓對方知道。感受並不是感情，更不是發牢騷。

圖 14 ▶ 感受是引起對方共鳴的重要結構

感情與感受大不同！摻入情緒會造成反效果

在對話中加入感受能引起對方的共鳴，並且讓對話朝向理想的終點前進。然而，我們在第二章說明過，向對方表達感受時，必須特別注意不能混入感情。

感受與感情是完全不同的要素。本書中，感受指的是站在對方立場的關懷，而感情則是自己立場的意見、想法。感受是設身處地表示感謝、慰勞或提供情報。相反地，感情則是個人的喜怒哀樂，單方面傳達自己的感情，也是不恰當的表達方式。

以自我為中心的感情無法讓聽者產生共鳴，如果不能引起對方共鳴，便沒辦法讓對話得出結論，只會浪費彼此的時間。而且對話結束後，還會覺得心情沉重。我們用具體例子，看看感受與感情的差異。

說話要素

【主題】想商量開發新事業的提案。

【結論】與公司事業相關的新事業提案，實現的可能性非常高。

【數字】調查過去提出的新事業提案，如果與公司當前的事業範圍無關，採用並確實執行的比例不到兩成。

【狀況】我們部門負責活用雜誌的訂購資料，一直不見進展，是目前面臨的問題。

【結論2】仔細調查可以使用這些累積的資料提供哪些服務，試著向其他公司提案？

【感受】若能擴大運用範圍，便可帶來更高的價值，這份工作會更具意義。

【感情】我認為蒐集無法應用的資訊，只是浪費時間。

對方費盡一番心思、好不容易提出的新提案，若加入批評現狀的感情，反而會讓聽者積極的心情被澆了一桶冷水。此外，個人感情無法與對話的主題、結論互相連結。不過，只要條列出來就更容易理解。

告訴對方「我認為蒐集無法應用的資訊，只是浪費時間」，這份感情無法與主題、結論產生連結。雖然我能理解這種心情，不過感情與提案完全無關。

說話要素

【主題】想商量放假時的旅行目的地。

【結論】考慮到移動時間，東京附近的箱根如何？

【數字】開車從市區走高速公路，大約一個半小時便可以到達。搭小田急浪漫特快車從新宿出發，也只要花一個半小時。

【狀況】若選擇開車前往，可以沿路買東西。搭乘浪漫特快車則可以在電車上小酌，各有不同的樂趣。

【感受】兩種都很有趣，反而很難選。

【感情】我都查好了，你至少決定一下。

告訴對方「我都查好了，你至少決定一下」的感情，並沒有辦法與主題、結論連結。而且，你已經查資料，決定時也應該為此負點責任。

在條列式整理後會發現，**感情不僅與主題、結論無關，也無法與數字、狀況連結**。雖然感情是出於說話的要素，但無法與它們連結，只不過是自己內心湧現的情緒。

如果用積木來比喻，就像是看起來同為正方形，組合時卻無法與其他積木拼起來的可憐積木。既然感情無法與任何要素連結，當出現在對話中，就會成為人們常說的「不必要的多嘴」。

我經常被人警告不要多嘴，已經到了耳朵快長繭的地步。儘管如此，我還是不斷重蹈覆轍，感情真是難對付的東西。

圖 15 ▶ 感情與感受的差異

如果不想在對話中摻入感情，在傳達重要事項前，最好記錄、條列出你想說的話，將想法化為文字，也是一個方便的方法。

【重點】「感情」要素無法與對話中的任何要素連結，只是一味地吐露自己的想法。感情也容易讓人說出不必要的話，破壞力驚人。如果想要排除感情，可以製作對話的架構筆記，效果很好。

圖 16 ▶ 說話時，用感受代替感情

主題 關於與美國分部的協商，希望能得到一些建議。

結論 系統開發案由日美合作，希望預算能定為日本與美國各出一半。

數字 目前已討論過四次，美國方面希望日本出資七成，且不肯退讓。

狀況 主要原因是負責協商的人認為，專案團隊成員以日本人居多，但其實發展的市場規模對等。

感情
- ~~即使希望對方以市場規模考慮，對方卻完全不肯退讓。~~
- ~~我覺得好累。~~
- ~~因為交涉已讓人很疲憊，不想跟負責人傑夫說話！~~

↓

感受 這種狀況下，部長怎麼說服對方呢？

描繪「對話設計圖」，組合出溫暖邏輯的說話結構

主題、結構、數字、狀況、感受是構成對話的基本要素，也能幫助你把話說得更簡單易懂，同時體會對方的感受。只要妥善組合這五個要素，就能確切傳達你想說的話，以及你想與對方共同決定的事項。

五個要素都有各自的作用，搭配組合後便成為理想的對話架構，這些要素也等同於說話的零件。

如果想讓對方理解你想說的話，不妨準備一張組合要素的設計圖。這個設計圖是構建組合這五個要素的方式。你可以在開始前花一點時間，隨手在便條紙上畫出架構，也可以在自己腦中想像。

至於如何排列這些要素，你可以用最簡單易懂、最傳統的順序「主題↓結構↓數字↓狀況↓感受」來表達，也可以按照告知對方的內容，安排不同的順序。

在排列順序時，一樣要從對方的立場思考再排列組合。

舉例來說，你想要與忙著開會的主管談論事情。

對話範例1

「關於要向客戶提案的房價評估，我想徵詢您的意見。（主題）

「您覺得A方案與B方案哪個比較好？我個人認為A方案比較好。（結論）

「A方案二千四百八十萬日圓是合理的行情價，B方案則是挑戰二千九百八十萬日圓的高價。（數字）

「客戶打算換房子，希望可以盡快售出。（狀況）

「不好意思在忙碌時打擾您，希望能請教您的意見。（感受）」

這樣的組合方式，能確實得知想說的事、希望對方回答的事、目前狀況。接著，我們將重點擺在「主管是非常忙碌的人」，來重新排列組合，結果會如何？

對話範例2

「不好意思在忙碌時打擾您，希望能請教您的意見。（感受）

「關於要向客戶提案的房價評估，我想徵詢您的意見。（主題）

「A方案二千四百八十萬日圓是合理的行情價，B方案則是挑戰二千九百八十萬日圓的高價。（數字）

「客戶打算換房子，希望可以盡快售出。（狀況）

「您覺得A方案與B方案哪個比較好？我個人認為A方案比較好。（結論）」

首先，將你對主管的顧慮化為語言：「不好意思在您忙碌時打擾」。**只要一開始**

先說出這句話，便能表現出你充分瞭解聽者狀況才與他對話，並且傳達「知道你很忙，但無論如何都想請教」的心情。

這兩個範例的最大差別還不只這點。一般來說，聽者容易傾向回答對話後半段的內容。根據這個傾向，在對話範例1中，聽者會回答說話者最後提出的狀況，也就是「對於打算換房子的客戶，最適合的房價評估約為多少？」

如此一來，主管也許會基於自己的經驗給予建議：「如果打算換屋，不一定要在短期內售出，可以觀望一下，試著挑戰高價吧？」

另一方面，對話範例2的後半段則是結論：「您覺得A方案與B方案哪個比較

圖17▶ 流程圖範例

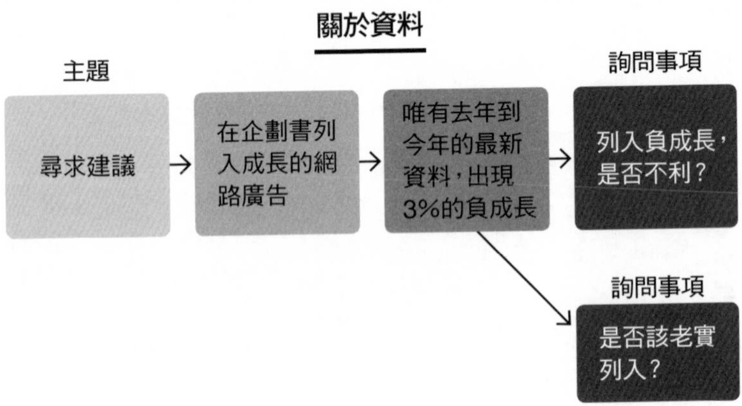
關於資料
主題
尋求建議
在企劃書列入成長的網路廣告
唯有去年到今年的最新資料，出現3%的負成長
詢問事項
列入負成長，是否不利？
詢問事項
是否該老實列入？

好？我個人（說話者）認為A方案比較好」，因此他可以針對「A方案與B方案哪個比較好」提出建議。

根據對話的對象及內容，從對方的立場量身訂作，以不同的方式組合五個要素，可以讓對話內容更簡單易懂。

說話對象不同，你投入感受的份量也得調整

還有一個好用的技巧是重複使用感受要素。如果談話對象是家人、朋友，或是關係較親密的人，你想提出的意見或想法有點難以啟齒，運用這個技巧能發揮更好的效果。

以前文使用過「分擔接送小孩上幼兒園」的例子，試著改變說話要素的組合方式。

對話範例1

「想商量如何分擔接送小孩上幼兒園，（主題）

「下個月將頻繁出差，希望減少自己的次數。（結論）

「一週有兩次國內出差，想把這兩週的次數分配到其他週，（數字）

「其他兩週也要準備出差，應該會比較忙。希望能集中在前半週，（狀況）

「總是有你在背後支持我，真的很感激。（感受）」

這個範例是按照主題、結論、數字、狀況、感受的順序，在最後明確地表示感謝的心情。不過，讓我們試著在開頭與結尾，分別重複一次感受要素。

對話範例2

「在你這麼累的時候提這件事，實在很不好意思。（感受）

「想商量如何分擔接送小孩上幼兒園，（主題）

「下個月將頻繁出差，希望減少自己的次數。（結論）
「一週有兩次國內出差，想把這兩週的次數分配到其他週，（數字）
「其他兩週也要準備出差，應該會比較忙。希望能集中在前半週，（狀況）
「總是有你在背後支持我，真的很感激。（感受）」

「在你這麼累的時候很不好意思」、「總是有你在背後支持我」，用兩個角度傳達站在對方立場思考後的感受，並加強你的關懷。

如果使用三次感受要素，會變成如何呢？

對話範例3

「在你這麼累的時候提這件事，實在很不好意思。（感受）

「想商量如何分擔接送小孩上幼兒園，（主題）
下個月將頻繁出差，希望減少自己的次數。（結論）
考慮到我們都要上班，我也不好意思開口。（感受）」
「一週有兩次國內出差，想把這兩週的次數分配到其他週，（數字）
其他兩週也要準備出差，應該會比較忙。希望能集中在前半週，（狀況）
總是有你在背後支持我，真的很感激。（感受）」

也許有人覺得囉嗦，但重點在於這三個感受分別表達不同的意義。

「在你這麼累的時候提這件事，實在是很不好意思」，是察覺對方現狀的感受。

「不好意思開口」，是察覺對方忙碌的感受。

「總是有你在背後支持我」，是表現日常關懷對方的感受。

感受要素會隨著「對方此時的狀況」、「聽到主題時的心情」、「說話者對於對方日常行動的感受」的時間順序變化。

我們可以重複運用此時及日常狀況，體貼地表達感受。但重複三次難免讓人覺得囉嗦，聽者也會感到負擔，因此最好只用在真的難以開口的請求，或是道歉等關鍵時刻。

圖 18 ▶ 過多的感受會造成對方負擔

感受	不好意思，
結論	我可能會遲到五分鐘，
狀況	正要出門時，剛好宅配公司送貨來，
感受	明明約好星期六上午碰面，你一定很早起吧。對不起。
數字	我現在已經到澀谷了，大約再十五分鐘。
結論	車站外面一定很冷，你去咖啡廳等我！
感受	真的、真的很抱歉！

好囉嗦！

CHECK LIST

- ☑ 闡明主題時，就清楚提出自己的要求「想做什麼」。
- ☑ 提出的結論，應該是自己與對方共同導出最終結論的方案之一。
- ☑ 數字是補強結論的材料，應事前調查、確認。
- ☑ 是否主觀地說明狀況？狀況是否與主題、數字連結？
- ☑ 將關懷對方的感受化為語言，就是感受要素。加上感受要素後，請求、提案更容易通過！
- ☑ 容易不小心發牢騷、吐露感情的人，應該事先寫好對話便條。
- ☑ 根據情況與對象，改變說話要素的排列方式，或是感受的添加數量。

NOTE

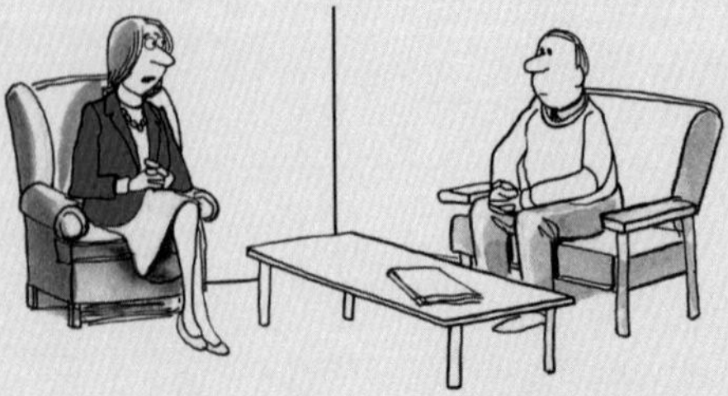

第4章

說話「將心比心」，對方被回絕不會痛！

與上司談話時，要提出「對公司有貢獻」的觀點

接下來要介紹，如何根據不同的對象與情境量身訂作，組合五個要素的方法。前面介紹過，我們可以依對象、狀況和傳達內容，將五個說話要素重新排列組合。**若能針對不同對象改變組合方式，便能更容易傳達想法，並讓對方瞭解對話內容**。因此從本章開始，我們將分別解說組合五個要素後的範例，同時深入說明感受與感情的差異。

舉例來說，美國人將職場、辦公室、學校等公共場合發表的談話，稱為「公開發表（Public Speaking）」，同時非常重視公開發表的內容是否具公共性。

然而，不只有美國人會這樣做，日本也一樣。如果談話場合的公共性較高，不帶感情發表自己的想法，才會讓人留下好印象。

首先，我們先設想在公司與主管談話的情境。日本企業中，員工與主管之間的關

係通常是會閒聊、一起工作。不少職場甚至認為，主管和同事都是「一起吃大鍋飯的同伴」。因此，與主管對話時，如果太過場面化或公事化，對方會覺得你想刻意保持距離。

不過，若表現出過度親密的態度，該認真傳達的內容反而無法確實傳達。因此，應特別注意拿捏傳達事情的主題、結果、數字、狀況及感受之間的細微比例。

前文中，我們用範例介紹對話時應該加入多少感受的份量。向家人提出難以啟齒的要求時，即使加入三次感受要素也沒問題。

然而，在公司與主管談話時，應該盡量減少感受的份量，我認為一句就相當足夠。加入過多的感受，可能會讓對方覺得：「這個人怎麼只顧著講自己的事。」

首先，假設你與主管討論目前進行中的專案，並拿自己構思的一個方案找主管商量。

對話範例

「針對購買新車的顧客，我有一個提案想跟您討論。（主題）

除了預算及貸款，我在考慮是否加入出售二手車時的市場行情，可以聽聽您的意見嗎？（結論）

如果打算出售二手車，購入第二年、第三年的新車可以賣到比較好的價格，但顧客並不知道這件事。（數字）

即使剛買車的時候用不到，如果能瞭解中古車的行情，在購買高價商品時，會不會覺得比較划算呢？（狀況）

如果補充資料可以讓顧客開心，進而提升業績就太好了。（感受）」

首先用條列的方式確認表達的順序。

說話要素

【主題】想討論如何向購買新車的顧客提案。
【結論】想詢問是否應該在資料中，加入出售二手車時的市場行情。
【感受】認為這個提案能讓顧客開心，是對公司有貢獻、可提升業績的工作。

說話者透過自己的感受，針對結論「將二手車市場行情的資料，提供給打算購買新車的顧客」，詳加敘述這個行動的重要性。換句話說，說話者在腦海中描繪以下情景：「將市場行情整理成資料並提供給顧客，讓客戶感到開心，進而提升公司業績」，於是自己也產生積極正面的感受。

雖然這只是辦公室中的日常對話，**但只要主管能將你的個性、擅長領域、工作態度，與對公司的貢獻連結，一旦有新的工作機會，就容易先想到你。**

然而，當感受變成感情時，雖然你的確做了好事，卻給人「說了不必要的話」的印象。

對話範例

（OK）「如果補充資料可以讓顧客開心，進而提升業績就太好了。（感受）」

（NG）「這本來不是我的工作範圍，但我還特地去調查與補充（害我增加工作量）呢！（感情）」

如果用這種方式表達，主管根據這段對話，對你的印象反而會變成「明明沒叫他做，自己做了還要抱怨的部屬」，希望各位務必注意。

在公司上班一定會有年度考核，應該隨時考慮到自己的前途，而能夠幫助你達成目標的，便是自己的直屬主管。

或許有人會在心裡悄悄地想：「我的主管才不會做這種事呢。」直屬主管在分配工作時，本來就會考慮部屬的特長以及未來職涯規劃。即使現在的主管可能不是如此，也可以在日常對話中留意彼此的對話內容，讓主管理解你對目前工作的貢獻，以及將來的期望。

還有一種情況是：**「主管很獨裁，總是逼大家接受自己的想法，根本聽不進部屬的意見和看法」**。其實，能不能與這種人溝通，取決於說話者的技巧。

傳達想法與說話的方式都要擬定策略，而策略則必須描繪出對話的應有終點。若想打造能順利到達終點的流程，就應該以讓對方容易理解的方式表達，並且讓他願意做出行動。因此，最重要的在於加入感受要素，從「自己能對公司做出貢獻」的觀點表達想法。

假設今天主管聽到部屬提出要求或請求，必須跟高層說明後，才能讓組織開始運轉並做出行動。但是，從主管的立場來看，如果想在公司發表具有公共性的意見，卻想憑「這是部屬個人的希望、感受」說服眾人，實在是不可能的事情。

因此，在對話中巧妙加入「能對公司做出貢獻」的心情，便能從平時就與主管及同事共享這些感受。

當主管正在忙碌，怎麼表達能讓他更快做出決定？

平日主管忙著開會和小組討論，如果你想佔用他的時間，請他幫你決定目前的工作決策，首先應該關心主管的感受。

對話範例

「感謝您在百忙之中抽空。您今天有幾場會議呢？我會簡短說明，再麻煩您了。（感受）

「關於我目前負責的節目，與導播討論後，打算邀請知名演員來擔任旁白。（主題）

「詢問演員的經紀公司後，他對節目內容十分感興趣，據說已經同意演出。不過，他的演出費用超出我們的預算，因此打算提案增加經費，希望公司內部再次決議。是要增加經費呢？還是乾脆放棄，直接用目前的預算想辦法呢？可以請教您的意見嗎？（結論）

「如果會超支，我們預計再增加三十萬日圓的經費。（數字）

「雖然超出原訂預算，不過如果請該演員擔綱旁白，可以引起話題，吸引其他媒體報導。考慮到曝光率，我認為可以得到超越增加經費的價值。（狀況）」

利用感受開啟對話有一個重要的效果，就是重置聽者的感受。

一天之內，主管必須跟部屬、客戶連番開會，幾乎沒有休息時間，所以腦袋總是不斷地運轉。有時候，對方在跟你討論時，甚至還惦記著上一場會議的重要案件，容易心不在焉。這時容易出現拖延、找不出結論的情況。

與忙碌的主管或對象說話時，先用關懷對方的閒聊，像是「您很忙吧」、「您今天要開幾場會議呢？」等當作開場白，重置對方的思緒。

根據我的經驗，**越忙碌的人（尤其是經營者，或必須同時處理許多案件的經理人等），談話時越常在正式對話開始前先閒聊。**

剛開始我還不習慣這件事情，難免會著急地想：「對方這麼忙，閒聊會不會耽誤他的時間呢？」

不過，我發現這類型的人一定會先與其他人閒聊一段，再用「那麼，接下來進入正題吧。」的方式重置自己的思緒。

由於他們隨時都在思考必須決議的事項，在進入下一段對話前，必須先轉換自己的思緒。

圖 19 ▶ 與忙碌的對象談話時，請用開場白重置情緒

與忙碌的人說話時，不要急著馬上提出要事，而是先以「謝謝您在百忙之中抽空與我討論」表達感謝，將感受要素放在對話的開頭，把對方的忙碌當成閒聊的主題，更能有效率地引導出你想要的結果。

徵詢忙碌者的意見、請對方做決策時，如何組合這些說話要素，也是應該注意的重點。在對話的後半段，應該具體、清楚地提供決策材料。以條列的方式寫下來，分析如下：

說話要素

【主題】我想請知名演員擔任節目的旁白。
【結論】對方有演出的意願，但預算將會超支。
【數字】超支的費用約為三十萬日圓。
【狀況】如果該演員同意演出，可以達到非常好的宣傳效果，我認為價值超過追加的經費。

如果用一般方式表達，對方也許會認為：「增加經費只是因為你想要這麼做吧？」在這段對話中，從數字可以清楚、具體地看出預算會超出多少，從狀況得知追加經費可能帶來效果，可以幫助對方補充決策時沒考慮到的部分。

然而，當你著急時，很可能不經意地將感受化為感情。以下範例使用的感情要素雖然非常極端，但老實說，在我忙得不可開交時，也曾犯過同樣的錯誤。

對話範例

（OK）「感謝您在百忙之中抽空。您今天有幾場會議呢？我會簡短說明，再麻煩您了。（感受）」

（NG）「有一個案件必須請您緊急處理，但您一直沒時間與我討論，這樣我很困擾。（感情）」

會議開始時，對忙碌又疲倦的人說：「明明時間很緊急，卻找不到人」、「這樣我很困擾」，對方會怎麼想呢？姑且不論有些人喜歡忙碌的生活，但大部分的人都忙著自己的工作。即使是胸襟再開闊的人，可能都會覺得：「既然這樣就別問我，你自己判斷吧。」

對話必須要有說話者與聽者才能成立。與忙碌的人談話時，更應該注意站在對方的立場，具體且明白地說明原委，才能得到你心目中的理想結論。

想讓自己的意見獲得認同時，你需要這些秘訣

在前面的章節中，我們已經介紹與主管對話時，面對徵詢意見、請對方決策的不同場合，應該如何用溫暖的方式說服對方。接下來則更進一步，學習如何組合說話的要素，才能將對話引導到你「希望獲得的答案」。

以下情境對話中，你是某個專案的負責人，並信心滿滿地提出一個方案。

對話範例

「我調查了這次參加升職考試員工的研習內容，（主題）

「除了這些內容，我想再加入溝通課程，不知是否可行？（結論）

「我日前去參加體驗研習營，發現如今已經有許多企業開始採用體驗研習

的方式培訓員工。參加研習的成員會分成小組，針對設定的職場主題演出短劇，感覺時間過得非常快。而且，課程結束後，還跟其他參加的成員交換了聯絡方式。（說明）

「能在這麼短的時間內跟別人打成一片，我真的很驚訝。（感受）

「我們公司的部門偏向直向溝通，沒什麼機會跟其他部門的成員交流。即使未來有機會成為經理，如果不能順利與其他部門合作、取得共識，有些人可能因此感到負擔。（狀況）

「此外，這個課程也能幫助跟同事溝通。研習中會讓每個人擔任領導者，傾聽並解決小組內五位成員的煩惱。我認為以五人為一組，對於未來的經理候選人是一個很好的編制。（數字）」

這種表達方式中，效果最強大的是感受要素。為了提供對方做決策的材料，說話者表達自己的感想、體驗後有何改變，就顯得十分重要。試著以條列的方式整理，分析如下：

說話要素

【主題】針對參加升職考試員工的研習內容。
【結論】想加入溝通課程。
【感受】自己親身體驗後，對於能在短時間內與別人打成一片感到驚訝。
【狀況】公司各部門偏向直向溝通，但橫向溝通也很重要。
【數字】在研習營當中，也體驗傾聽並解決小組內五名成員的煩惱，因此認為這個小組人數非常剛好。

如果要形容這段對話中感受的威力，就像顧客在購物網站買商品時參考的消費者評價。

當你要挑選自己沒看過、沒使用過的商品時，使用者的感想就是最值得信賴的意見。反過來說，沒有使用過這項商品的人，很難反駁體驗者的感想。因此，這也是在對話前半段使用感受要素的意義。

本書再三強調，感受是站在對方的立場說話，並不是加入自己的感覺，或是單方面主觀的意見。不過，在這個範例中，敘述的卻是自身的感受，即使如此，感受與感情仍然不能畫上等號。當感受化為感情時，傳達給聽者的內容將會改變。接著，比較一下兩者有什麼差異。

對話範例

（OK）「能在這麼短的時間內跟別人打成一片，我真的很驚訝。（感受）」

（NG）「真的很開心！我們演了短劇，感覺時間過得很快，最後還交到很多朋友哦。（感情）」

加入感情要素容易讓聽者陷入混亂，不知道說話者到底要表達什麼。說話者想表達的內容也許跟感受相同，不過聽者無法思考對方「為什麼」會這樣想。以下就讓我們試著分解、思考看看：

● **【感情】（NG）**

感到開心→為什麼很開心？（Why）

演了短劇，時間過得很快→演了什麼短劇？（What）

最後還交到很多朋友→有什麼效果？（How）

也許你拚命想要表達自己的感情，但是沒詳細說明為什麼、做什麼、用什麼方式，便無法讓對方與你共享難能可貴的經驗。另一方面，若能加上說明與感受，便會有截然不同的效果。

● **【說明】加上【感受】（OK）**

將學員分成小組集思廣益，根據主題表演短劇，感覺時間過得很快→（What）

課程結束後，所有參加者產生團隊意識，還交換聯絡方式→（How）

對於能在短時間內與別人打成一片，感到驚訝→（Why）

明明是相同的經驗，說明「內容是什麼」、「有什麼效果」、「為什麼這樣想」，也能讓聽者體會你的感受。

網路商店的評價也是同樣的道理，告知自身經驗的好處，可以讓聽者事先得知自己未來也許會體驗的事。「擁有聽者沒有的經驗」，本身就具有強大的說服力。

如果你對自己的提案有信心，希望提案獲准，為了便於對方理解，請將體驗的感受挪到對話前半部。打造事實的基礎，會帶來非常好的效果。

圖 20 ▶ 想讓對方認同你的意見，有些小秘訣

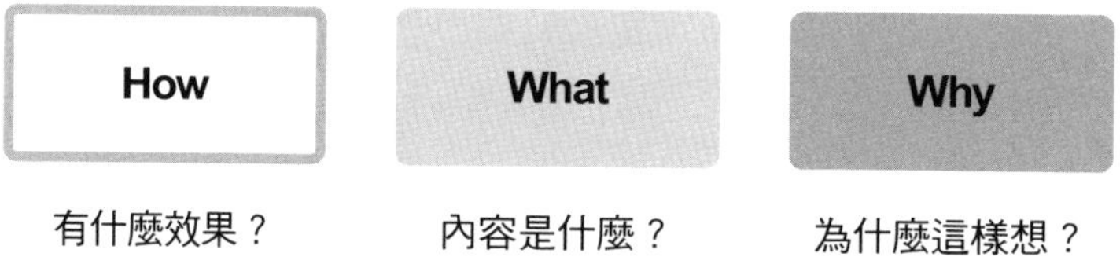

被硬塞工作時，正面肯定比直接回絕更有效

前面已說明，如何積極與對方商量，以及如何表達能有效讓提案獲准。接下來，試著反向思考，如何正面地婉拒被他人硬塞的工作。

工作不可能總是順利完成。即使正面積極地告訴對方無法接受，或是沒辦法進行某件工作時，再怎麼注意說話方式，都容易給人留下負面的印象。這時，我們可以在對話中使用兩次結論要素，讓邏輯更穩固。

舉例來說，你目前負責的工作量已經非常繁重，沒有多餘的心力再負擔其他工作，但主管這時又要將新的工作交付給你。

由於主管已經提示了對話的主題，因此可以省略主題要素。這時使用的兩次結論要素，雖然意思看似相同，不過前後的結論在說服力道上有強弱之別。

對話範例

「您願意提拔我處理新的案件，我感到十分榮幸。謝謝您。（感受）

「不過，要和目前負責的工作一起進行的話，我有點擔心時間的問題。（結論1）

「目前我手邊負責的工作，已經有好幾件同時進入最後討論階段。（狀況）

「首先，十天後有三家公司要簽約，其他還有五個案件正在接觸與溝通中。（數字）

「等到決定簽約的案子結束後，我想把時間拿來追蹤可能簽約的潛力客戶。（結論2）」

利用這種表達方式，聽者應該也能理解「目前沒辦法拜託這個人」。這時，要特別注意的重點在於：

- 前半部的結論並不是針對主題的答覆，而是先陳述答覆背後的理由。
- 後半部的結論則與狀況連結，陳述理論性的回答。
- 對話前半部務必加入「感謝您找我」的感受。

我們用條列式重新整理一次，可以寫成：

說話要素

【感　受】感謝提拔自己處理新案件。
【結論１】實際上讓人感到不安的因素。
【狀　況】報告目前手邊的工作。
【數　字】工作數量及進行時程。
【結論２】現在應採取的最佳結論。

將各個要素拆解後，可得知感受要素的部分是你對對方產生的感受，而狀況、數字則是導出結論的具體因素。另外，結論1是回答的理由，也是做出結論的重要著眼點，最後的結論2則是最終結論。

與聽者共同確認導出結論的具體因素，也就是狀況、數字，再一起確認重要的著眼點結論1，即可在結論2導出最終答案。

使用兩次結論的優點，**在於先在結論1與對方共享「討論這件事的關鍵」後，更容易讓聽者對最終的結論2產生共鳴。**

此外，別忘了在對話前半段，向對方對自己的期許表達感謝。只要在開頭說出「謝謝」、「很榮幸」，即使之後拒絕對方，仍然能給人積極、正面的印象。

對話範例

（OK）「您願意提拔我處理新的案件，我感到十分榮幸。謝謝您。（感受）」

（NG）「不能找其他人嗎？（感情）」

如上述的對話範例所示，討論這些主題時，將感受改為感情要素並不是一件明智之舉。

發洩個人感情，只會讓對方留下情緒化的印象。這時，容易讓對話的主題從「想要請你處理新的案件」，轉為「對忙碌的不滿」。

想要以正面的印象表達想法，務必清楚、明白地告知結論，並且注意不要流露出自己的感情，是最重要的是使用感受要素表達。

圖 21 ▶ 難以啟齒的事，更要正面、有理地傳達

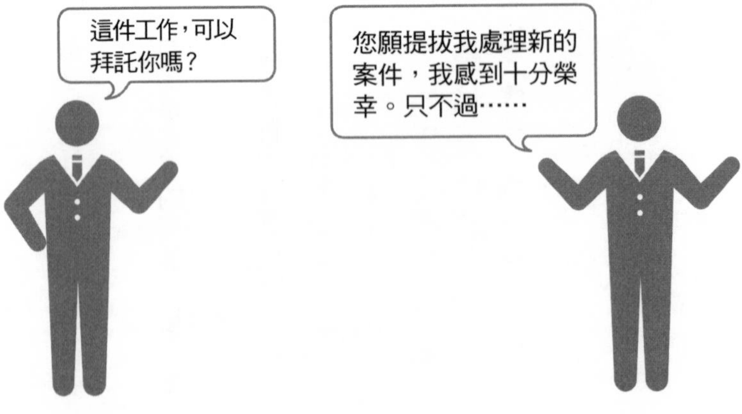
這件工作，可以拜託你嗎？
您願提拔我處理新的案件，我感到十分榮幸。只不過……

想請主管幫忙找人協助，要明確表達你的需求

假設所有的人都忙著處理工作或家中的事，在許多情況下，很多人會認為：「怎麼可能靠說話術就輕易推掉工作。」不過，如果你的工作真的多到快要爆炸，應該試著思考如何利用說話要素，請求其他人的援助。

如果向主管請求其他人的幫忙，必須一邊設想一個不在場的第三者，一邊進行對話。在這個主題中，你與主管的對話，應該基於「在他人也可以接受的情況下答應自己的請求」，向主管確認是否願意協助。

這個場合中的關鍵是數字。舉例來說，說話者身為專案負責人，臨時必須到外地出差，但交貨期限在三天後，因此這三天的緊迫時間，必須請代理人協助管理專案進度。

對話範例

「關於A案件，我希望能找人幫忙控管進度。（主題）

「三天後就要交貨，但是我從明天開始要出差兩天，去外地開會。具體來說，希望能找人代我處理這兩天的工作，萬一遇到什麼麻煩，也可以幫忙掌控狀況。（數字）

「目前為止作業都很順利，應該不會出意外。不過交貨期快到了，萬一發生事情或是出現突發狀況，若有個人能與我聯絡和說明情況，我會比較放心。（狀況）

「要麻煩您幫忙處理，我非常過意不去，不過為了順利交貨，若有人願意幫忙，我會更安心。（感受）

「雖然這是我個人意見，但我認為B先生曾經負責過相同的案件，如果他的行程有空檔，我覺得他是適合的人選。（結論）」

在請求他人的主題中，假設必須向第三者提出請求，重點應該放在對話雙方要正確地共享委託工作內容、工作量。

首先，提示主題時應該先清楚說明想提出請求的內容，接下來立刻帶入數字，明確表示需要幾天、多少時間。**主管可以根據這些數字做出具體決策：「該找人協助嗎？」「要找幾個人協助？」**

遇到這類話題時，不需要主動說出最後的結論「找誰幫忙」，因為決定找誰幫忙的主導權在對方手上。

尤其與主管討論時，通常是由主管決定適任的人選，因此應該確認主題與結論是否前後呼應。其中必須注意的是，要表達「希望協助者擁有與自己相同的技能」。

說話要素

【主題】關於A案件，我想找人幫忙控管進度。

【結論】B先生曾經負責過相同的案件，是適合的人選。

此外，如果在這個情境中將感受轉為感情，意義將會完全不同。

對話範例

（OK）「要麻煩您幫忙處理，我非常過意不去，不過為了順利交貨，若有人願意幫忙，我會更安心。（感受）」

（NG）「這種時候，為什麼還有其他緊急的工作呢？真是受不了。（感情）」

有時工作已經快要忙不過來，若是再遇到被追加任務的情況，或是必須處理遠在外地的工作，難免會讓人想發脾氣。但光是發脾氣，並沒有人能幫助你解決問題。相較之下，想像自己是被找來代理工作的人，站在第三者的立場表達「真的很抱歉」的感受，便能引起居中協調者的共鳴，順利推動工作。

這個方法不只適用在職場上拜託主管，也可用來請求家人幫忙，促使對方更容易接受。這個情況下，說話者通常會直接請求對方協助，此時的主題與結論意思相同，因此可以將兩者合併，省去最後的結論。

接下來，我們以調整接送小孩上幼兒園的時間為例：

對話範例

「我想跟你討論關於下星期接送小孩上幼兒園的時間。（主題、結論）

「其實，我星期二到星期四要去外地出差三天。所以想問星期一跟星期五以外的三天，可以請你幫忙嗎？（數字）

「這個客戶跟我合作很久了，所以公司請我跑一趟，談起來會比較順利，我實在是推不掉。（狀況）

「我知道你也很忙，真的很抱歉，如果你願意的話，真的是幫了我一個大忙。也謝謝你平時的幫忙，我真的很感激。（感受）」

以上範例是站在拜託對方的立場，所以當然要加入感受。但更重要的是具體傳達數字及狀況，使對方點頭答應。上文對話範例中的感受，除了針對這次對話的主題表達感謝，也可以加入日常的感謝。

討論職場人際關係，不能只抱怨同事的缺點

推展工作時可能遇上最嚴肅的問題，應該要屬人際關係了。尤其是在生產力及效率要求相當高的職場中，人際關係不佳可能會導致工作停滯。

雖然可以想辦法忍耐、繼續工作，但若真的遇到危機，最好還是跟主管討論一下。如果因此出了問題，只會給更多人添麻煩。話雖如此，大部分的人不太敢在辦公室內討論人際關係的問題。這時，對話的重點在於運用感受要素，傳達事情的嚴重性。

假設你擔任專案團隊的組長，有前輩加入團隊後完全不肯聽你的意見，讓你不知道該怎麼辦。

這種狀況真的非常棘手。明明打算與主管討論工作上的事，但如果讓主管覺得你在說同事的壞話，問題就更難解決。因此，你應該在闡明主題後接上感受，並且平靜地陳述事實。

對話範例

「坦白說，我對於目前的工作有點煩惱。（主題）

「我不知道該不該找您討論這件事，也考慮過要自己解決，不過我認為沒辦法自己處理。不知道您是否可以給我一些意見呢？（感受）

「在推展專案案時，我覺得C前輩似乎無法認同我理想的工作方向。因此沒做好請他負責的工作，導致整體進度落後。（狀況）

「專案已經接近尾聲，我也請其他成員協助落後的部分，C前輩就算不參與也沒關係。（結論）

「專案剩兩個星期就結束了，有其他五個成員一起幫忙我就覺得很足夠。在這段期間，希望C前輩也可以開心地工作。（數字）」

傳達時有兩個聽者必須瞭解的重點：

說話要素

【感受】不知道該不該與主管討論這件事而感到煩惱，雖然想試著自己解決，但是找不到解決方案。

【結論】目前不需要C前輩參與，靠其他成員也可以持續推動專案。

坦白向對方表示這是你深思熟慮後得到的結論，讓他知道事情的嚴重性。此外，就算處於自己無法找到解決對策的情況，也要冷靜地傳達事實，表示無法確定是否會影響工作。只要清楚解釋以上兩點，主管就會知道他應該幫助你解決哪些事。

在這個對話中，你應該提到的兩點是：

1. 專案團隊內部的人際關係發生問題（感受）。

2. 有其他人的協助，對工作本身沒有影響（結論）。

此時，我們可以運用數字來補強感受及結論。

3. 專案剩兩星期就結束（數字）。

感受是關乎人性，也關乎心情的問題，結論與數字則是關乎你在目前的情況下，會走向成功還是失敗的事實。有了這三點，主管就能做出明快的判斷，知道該解決的問題是「找出解決現狀問題的對策（決定變更團隊成員）」，或是「找出順利結束專案的方法（感受問題）」。

有時候，你必須提出難以啟齒的事情，但平靜地敘述事實，反而更容易讓對方理解你的處境。討論這類話題時，務必要注意別流露感情。當感受化為感情時，可能會把事情鬧得更嚴重。

對話範例

（OK）「我不知道該不該找您討論這件事，也考慮過要自己解決，不過我認為沒辦法自己處理。不知道您是否可以給我一些意見呢？

（感受）

（NG）「發生了難以置信的事，我不知道該怎麼辦，真是的。（感情）」

此外，這類的主題仍然要注意別把感情混入狀況中。

對話範例

（OK）「在推展專案時，我覺得C前輩似乎無法認同我理想的工作方向。因此沒做好請他負責的工作，導致整體進度落後。（狀況）」

（NG）「推動專案的時候，C前輩真的很過份（憤怒、生氣）。他好像不能認同我的工作方向，所以沒有做好他負責的工作，導致整體進度落後。（感情）」

不管是感受還是狀況，一旦加入感情要素，對方就不知道你是要討論如何解決問題，還是發牢騷，容易感到混亂。如此一來，既看不到對話的目的地，也無法做出結論，最後只會白費時間。而且，難免讓主管對你的印象變差。

CHECK LIST

- ☑ 與主管對話時，從「對公司有什麼貢獻」的觀點發言，滿足對方的需求。
- ☑ 與忙碌的人說話時，開場先說：「感謝您在百忙之中抽空」，幫助對方重置腦中的思緒。
- ☑ 想要誘導對方說出自己心中預設的答案，可以明確表示「內容是什麼」、「有什麼效果」、「為什麼這樣想」。
- ☑ 想拒絕主管硬塞的工作，要積極接受對方的好意，表明「感謝您的提拔」，再有邏輯地說明目前的工作狀況。
- ☑ 將關懷對方的感受化為語言，就成為感受要素。加上感受要素後，請求、提案更容易通過！
- ☑ 想讓請求獲准或是獲得工作上的協助，應清楚具體傳達你需要幾天、多少時間的協助。
- ☑ 討論難以啟齒的人際關係時，不用感情而是傳達感受，並且平靜地陳述事實。

第5章

會議提案加上「魔法語言」，對方聽得頻頻點頭！

不敢在會議中發言的我，觀察前輩找出聰明說話方法

在前一章與主管的對話中可以看出，透過感受關懷對方忙碌的狀況非常重要。不過，在多人聚集的會議裡，感受要素的效果則與一對一談話的場合不同。

因此，本章將站在與會者的立場，介紹如何各自提出想法與意見。一般來說，公司中常見的會議流程，多半是由上位者召集參與會議的人員，宣布完聯絡事項後就結束。

雖然每個行業的情況多少有些不同，但最近有越來越多的會議，是直接讓與會者表達意見。話雖如此，很多人聽到「自由發表意見」時，反而不敢發言。

我剛進公司沒多久，就必須開始負責製作電視節目。會議通常都是由與會者提出自己的想法，再經負責人統整大家的想法後，集結成一個企劃。尤其當我開始從事節目編劇的工作後，在會議中發表意見成了重要的一環。

剛成為節目編劇時，我對此感到非常煩惱。每次想到要在那麼多人面前發言，而且發表自己的意見難度又高，心裡總是感到緊張萬分、忐忑不安，不知道該怎麼辦才好。

雖然聽了其他成員的意見可以讓我得到不少靈感，但一想到「說錯話怎麼辦？」「要是害會議卡住怎麼辦？」便怎麼也不敢開口。

然而，當紅的編劇前輩在開會時都敢大膽發言，即使只說一句話，也能讓其他成員開懷大笑或點頭稱是。

我每天觀察前輩，心想：「該如何才能好好發言，又不會破壞氣氛呢？」終於發現能讓會議氣氛變熱絡的說話法則。

因此，接下來要介紹的說話術，都是我在每次電視節目的會議中，觀察能讓氣氛變熱烈的成員，並從他們身上學來的技巧。現在回想起來，**一個能帶給人活力的電視節目，在開節目製作會議時也總是充滿朝氣。**這都要歸功於這些成員高明的說話方式，才造就這股活力。

有人說話天馬行空，如何將話題拉回現實又不尷尬？

開會時不敢開口，最大的問題應該是擔心「說錯話」、「害會議流程卡住」。然而，仔細觀察擅長發言的人，他們的發言根本不會讓會議卡住，因為他們會將前一位發言者的意見加入自己的想法，讓點子擴張。

使用這個發言方法時，應該先採納前一位發言者的意見。由於你發表的不單純是自己的主張，如此便可以減輕中斷流程或是偏離議題的風險。那麼，想讓發言順利跟上會議流程，應該怎麼做才好呢？

說話高明的人會採納前一位發言者的提案，而且他們說的第一句話都會以「感受」作為開場白。

舉例來說，假設某場會議的主旨，是要討論舉辦針對高中生客群促銷新零食的活動內容。會議中，已經有人提出「在部落格投放廣告，找二十歲左右的知名藝人當代言人」、「找大學生喜歡的網紅或部落客業配廣告」等意見。

像這樣發言者的意見不一致、不斷提出零碎的想法，是集思廣益會議中相當常見的情況。

對話範例

「聽到這裡，我覺得大家的發言都非常有趣。（感受）

「而且聽了每個人的意見，我想重點在於：這次活動要引起關注，應該找誰當主角。既然如此，我認為如果找競爭公司沒找過的代言人，例如運動選手之類，應該可以帶來一些衝擊性的話題。（狀況）

「大家通常認為運動選手很注意飲食，給人可靠的印象，而我們可以反向操作，找出乎大家意料的代言人，應該能帶來深刻的印象。（結論）」

首先針對前面發言的意見表達正面感受，說出自己的想法：「我覺得非常有趣。」這句話像是轉接詞，可以在不改變發言者意見的流程下，提出自己的新意見。

我實際觀察過讓會議氣氛變活絡的人如何發言，發現他們一定會先對前面提出的意見表達肯定，再進入正題。為了避免給人高高在上的印象，確切加入感受是發言的重點。

接下來，應該在狀況的部分歸納前面發言的重點。

在對話範例中，其他人的發言重點，著重於「找誰代言才能提高曝光度」，因此這時應在結論的部分向與會者提案：別再提出不同的意見，應該把焦點鎖定於誰的曝光度比較高。

圖 22 ▶ 跟上流程的發言結構

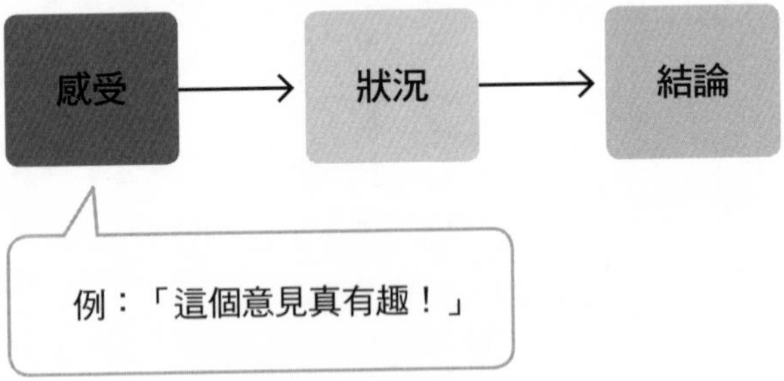

▼ 開場先肯定已發表的意見

既然要在會議發言，傾聽別人說話也很重要。尤其在需要大家集思廣益的會議中，人們容易提出各種意見，使會議目標失焦。因此，聆聽他人意見，並且緊接著發言，即可逐步鎖定話題的目標。

從前一位發言者的意見延展話題，不至於讓會議焦點偏離得太離譜，與會者聽到肯定意見的開場白，也會卸下心防，安心地發表意見。重要的是，開場白應從積極正面的感受出發，避免負面消極的感情。雖然應該沒有人會犯這種錯，不過以防萬一，還是容我再次提醒。

對話範例

（OK）「聽到這裡，我覺得大家的發言都非常有趣。（感受）」

（NG）「前面的意見七零八落的，根本沒有重點。（感情）」

前面提出的意見的確七零八落、沒有重點，但提出批評也不會讓會議有所進展，而且大家聽到這句話又會有什麼感受呢？即使這名說話者接下來提出再好的內容，其他人大概也不會對他留下好印象。因此，想在會議中好好發言，傾聽「現在的主題是什麼？」的能力與說話能力一樣重要。

發言時按照剛才範例提到的順序排列，就不怕中斷開會的氣氛，還能附和前一位發言者的意見，並同時表達自己的想法。

如果擔心「破壞氣氛該怎麼辦？」「說錯話怎麼辦？」更要冷靜聆聽別人的意見、找出重點。如此一來，你一定能從中找到提示，知道接下來該說什麼。

【重點】當會議的意見七零八落，發言要用感受當開頭，肯定前面發言者的意見，並具體讚揚某人提出意見的優點。接著在狀況的要素根據大家提出的意見，歸納出所有發言的主題，進而闡明狀況。最後，結論則必須基於狀況要素中歸納出的主題，陳述自己的意見。

意見發散沒焦點，想不留痕跡導出結論，你必須……

雖然有點突然，不過我想真心喜歡開會的人應該很少吧？不喜歡開會的理由可能有很多，其中有一個理由是「浪費很多時間，卻沒決定任何事」。

為什麼會出現這種情況呢？這是因為與會者在會議中提出各式各樣的意見，模糊了原本主題的焦點，結果讓人不知道該怎麼歸納、整理。

我們接續前面章節提到的零食促銷活動範例。會議中，大家針對這次的新活動提出各種不同的意見。

「在部落格投放廣告，找二十歲左右的知名藝人當代言人。」

「找大學生喜歡的網紅或部落客業配廣告。」

「與全國各高中合作，請他們將午休時間享用零食的影片上傳至網路。」

「請有名的調理師構思一個使用這款零食的食譜，並開設烹飪教室。」
「透過電視節目宣傳。」
「在新開幕的購物中心舉辦試吃活動。」

在這個情況下，懂得傾聽一樣很重要，與前一節的狀況一樣，要歸納整理與會者前面發表的所有想法，再提出自己的意見。不過，為了避免浪費時間，流程與前一章節的順序有點不同。

首先是主題，你應該先歸納出目前為止出現的意見主題為何。其次是數字，說明「與主題相關的話題共有幾個？」「哪些數字與正在討論的主題有關？」接著是結論，聽完會議中出現的所有意見之後，再發表自己的想法。最後利用感受肯定與會者的發言。

這與前一節的狀況正好相反，將感受改放在最後面。感受擺在第一與最後的差別在於，究竟是想要深入探討意見，還是要進行歸納。

當大家提出各式各樣的意見時，我們要做的應該是鎖定對話主題，並且深入探討。**會議之所以總是沒有結論，是因為大家看不見目的。這時，我們必須明確與所有**

人共享目的。

對話範例

「聽了前面的發言，我認為大家對新活動的想法可以分成三個方向。第一個方向是利用『網路』傳播，例如：部落格或Instagram等。第二個方向是以目標客群的聚集『地點』為中心，例如：烹飪教室、學校、購物中心等。第三個方向則是透過電視節目等『媒體』。（主題）

「其中，以『地點』為活動中心的意見，是三者之中最多的。（數字）

「既然如此，要不要針對地點思考可以辦什麼活動呢？除了烹飪教室、購物中心、學校之外，也可以利用舉辦運動比賽的會場，或是煙火大會等的活動。（結論）

「不好意思，我只歸納了大家的意見。我想大家的意見都很好，如果能集中討論出更好的想法，是不是比較好呢？（感受）」

分析這個對話範例後，我們可以看到結論的作用如下：

說話要素

【主題】分類、歸納前面提出的內容。

【數字】分類出數量較多和數量較少的主題，並使用相關數字及提供證明。

【結論】從主題、數字客觀審視得出的結論。

【感受】對與會成員提出的意見回以正面的感受。

歸納會議意見的重點在於，其他與會者能否認同你一開始幫大家歸納的內容。因此，數字要緊接著放在主題後方進行補強。如果與會者能夠贊成根據主題和數字得出的客觀結論，便代表你成功了。最後再利用感受要素，對其他提出意見的人給予正面的反應。

當會議的意見一發不可收拾，有時候說話者會急著確定主題，只顧著發表自己的意見。如此一來，一定會出現反對的聲音，反而將話題擴大、造成反效果。因此，發言時應該先做歸納，再提出結論。

儘管如此，有時候還是會突然冒出顛覆性的發言，導致最後還是沒有辦法做出結論。如是真的遇到這種會議，不如把它當作「不是為了得到結論的會議」，讓會議自然地發展吧。

【重點】歸納會議意見時，當開會的意見過多、一發不可收拾的場面，先依照意見的內容分類、歸納成主題。緊接著補足客觀的主題數量、相關的數字，並根據主題與數字提出結論。

圖23 ▶ 歸納發言的組合方法

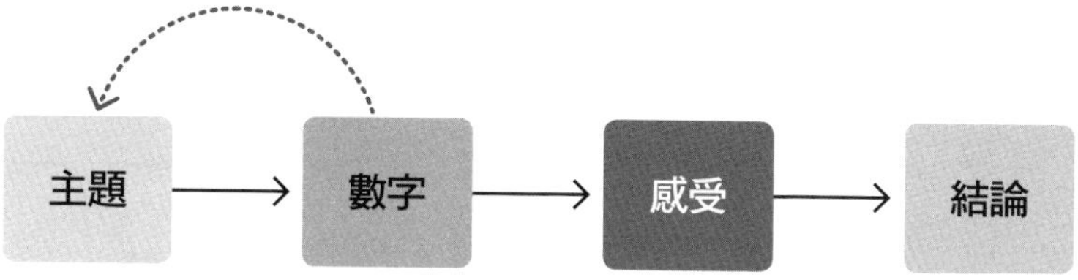

▼用數字補充主題，使眾人認同結論

想確認沒討論到的議題，說出這句話最不突兀

其實，會議也是個非常不可思議的環境。

有時候，某人提出的意見根本沒有毫無根據，最後卻被採用。或是大家根本搞不清楚某人的意見，卻沒有人戳破，最後隨著對方的意思走。有時候，會議的氣氛會讓你覺得「反正大家都沒意見，我也隨波逐流就行了」，甚至可能隨波逐流還比較輕鬆。

然而，當這場會議的決議事項化成具體的工作，落在你的頭上時，並不是當場確認詳細內容就可以過關。

在沒有任何人願意提出意見的情況下，想提出問題的確需要莫大的勇氣。**你可能會擔心別人嫌你不懂得察顏觀色，或是擔心其實只有自己在狀況外。因此，這個場合的發言重點在於，運用感受讓大家瞭解「我懂得察顏觀色」。**

對話範例

「關於剛才討論的活動方案，我想要確認一些事項。（主題）

「不好意思，又要回到剛才的討論內容。（感受）

「我想確認兩件事情。第一個是，這個活動企劃為了追求新鮮感，所以要在『某個地點』舉辦。另一個則是利用網路社群增加曝光度，對吧？（結論）」

會議中總會接二連三地出現新資訊。提出確認事項的時機，通常是在某個議題即將告一個段落，或是會議即將結束之前。

然而，當議題快告一個段落時，與會者開始把心思放在下一件事情，準備切換思考。這時，如果要回到剛才的話題，會造成會議的氣氛中斷，因此應該利用感受，告訴大家你有在注意氣氛。

主動開口表示：「不好意思，又要回到剛才的討論內容」，大家會覺得你回到剛

才的內容，並不是不懂得注意氣氛，而是現在必須確認。如果能視狀況多準備幾種不同的感受發言，實際使用時會更方便。

對話範例

「關於剛才提到發表財務報表的事宜。（主題）

不好意思，我想確認幾個細節。（感受）

流程上是請社長、董事在本週確認完後，同時準備A、B方案兩份公告用的原稿，對吧？（結論）」

對話範例

「我想確認各位本期的個人目標數值。（主題）

我瞭解時間緊迫，但還是希望耽誤大家一點時間，盡快確認各自的目標

數值。（感受）
「我會請經理重新確認開會時發給各成員的目標數值，請各位在明天前回覆，以便製作資料，沒問題吧？（結論）」

這時的感受也可說是和與會者分享現在的狀況。

為了不讓心情已飄到下個議題的成員覺得突兀，多準備幾句感情的實用句，臨時要用就不會緊張了。這個對話狀況的重點在於，讓聽者對「為什麼要回到剛才的內容確認」心服口服。

以下介紹會議中想再次確認內容時的幾個實用句範例：

「不好意思又要回到剛才的內容。」
「不好意思，我想確認幾個細節。」
「由於時間緊迫，希望能盡速與大家確認。」
「要是數字有誤，會給大家添麻煩。」

「有幾個我來不及筆記的部分。」

【重點】想要再次確認內容時，用感受表達中斷流程的歉意，你可以多準備幾種實用句，視狀況使用。

不得不潑對方冷水時，用魔法語言就不傷和氣

會議中有時必須反駁正在討論的議題，但在眾人面前說話已經夠尷尬了，還要提出反對的意見，可以說是難上加難。**當你鼓起勇氣反駁大家正熱烈討論的話題時，如何使用感受與數字，就顯得相當重要。當中最關鍵的是提出意見後，必須由出席者共同討論出結論。**

舉例來說，開會時大家熱烈地討論新款零食的促銷活動。有人提案地點可以選在新開幕的購物中心，不僅熱鬧，也可以邀請女藝人作為活動來賓，談談她平常的健康保養方法。

這名女藝人最近經常登上雜誌或網路社群，如果能邀請她出席活動，一定能炒熱整場活動氣氛。與會者也都同意邀她當特別來賓。

不過，只有你覺得這個提案不可行，因為該名藝人的出席費用遠超出這次活動預

算。於是，大家聊得更熱絡，你的心情反而更沉重。為了不讓大家覺得被潑冷水，這時應該先將感受要素放在最前面。

對話範例

「不好意思，因為大家聊得正熱烈，我不太好意思開口，（感受）

「不過我想跟各位討論關於活動來賓的事。（主題）

「我從手邊的資料，看到這名藝人的出席費用是這次活動預算的兩倍，如此一來會嚴重超支。（數字）

「如果想要獲得好的活動效果，是否要增加經費呢？還是應該從現有的預算中，找出比較可行的藝人呢？想要和大家討論。（結論）

「能讓大家聊得這麼熱烈，我也認為邀請該名藝人出席活動，一定能引發話題。（感受）」

說話要素

【感受】作為潑對方冷水的緩衝。
【主題】會議正在討論的話題。
【數字】根據手中資料的具體數字、與預算的落差。
【結論】如何實現議題的提案。
【感受】對提出的方案積極表示同感。

這個對話的重點在於最後的感受要素，應該對會議中提出的方案表示肯定。此時的結論不求表明YES或NO，而是針對應該如何實現正在討論的提案，提出具體方案。

你不需要表明哪個比較好，也不要陳述反對意見，而是提供多個條件，讓與會者再次討論。若能以「提出新提案」的感受發言，便能委婉地傳達。

【重點】不得不潑對方冷水、改變對話流程時，可以在開頭用感受預告「我要說相反的意見」，讓聽者做好心理準備。

數字則是重要的客觀依據，發言前請先充分調查、確認數字。結論要素則是針對會議的結果提出選項，不要自行下定論，而是根據數字，給予對方可以選擇的項目，作為新的討論議題。

為了節省時間，幫講話沒邊際的人整理重點

在這一章節，我們看看在會議中擔任主席的情況。最近職場中的風氣轉變為讓年輕同事負責部分重要工作，藉此培訓人才，因此經常看到資歷較淺的年輕人擔任會議主席。

假如會議中有資深同事講個不停，且不打算結束發表自己的意見，總是讓人不知該如何是好。我私底下把這種狀況稱為「直播會議」，因為像是由演出直播的人（會議中的說話者）單方面提出論述，根本沒有雙向對話。

如果陷入這個狀況，其他與會者也難以發表意見，結果好不容易才讓大家聚在一起，卻沒辦法聽到不同的想法。而且，這種人總是在講完好長一段話後，才反過來問：「大家怎麼都不發言？」

認真聽別人說話、不打斷對方是日本的社會潛規則，但如果你有機會擔任會議

主席，可以使用一些巧妙的招式，把討論的焦點拉回會議現場。**你可以利用「歸納意見」的技巧，看準打斷對方的時機，將議題拉回會議。**

首先要以感受開始，並把重點放在肯定這位講個不停的人。舉例來說，高層人士對於活動代言人持反對意見，講了很久還不肯善罷干休。

你可以參考以下對話：

對話範例

「原來如此，關於邀請活動代言人，您的意見讓我學到不少寶貴的經驗。（感受）

「所以您認為這次的案子最好不要找藝人代言。（結論）

「現在我們正在討論，要以找藝人代言為前提增加經費，或是改採其他方案。（主題）

「既然課長提出不要找藝人代言的方案，那麼我們聽聽其他與會成員的意見吧。（狀況）

「我想各位聽了課長的意見後，應該也有一些想法，大家覺得如何？（感受）」

這個對話範例中，各個要素的作用如下：

說話要素

【感受】關心講個不停的人。
【結論】簡潔歸納落落長意見的重點。
【主題】回顧本來的議題。
【狀況】提醒他有人在聽他冗長的意見發表。
【感受】關心其他一直在聽話的與會者。

首先，你身為主席，應該使用感受的說話技巧，同時關心獨自發表意見的說話

者，以及一直在聽話的其他成員。

插入主題要素時，擺放的位置也有技巧。不妨把它擺在結論與狀況之間，重置對話流程，因此將主題安穩地擺在第三的順序非常重要。

如果在相同的排序中不放主題，就會變成下面的情形：

說話要素

【感受】關心講個不停的人。

【結論】簡潔歸納落落長意見的重點。

【狀況】提醒他還有其他與會成員，詢問大家的意見。

【感受】關心其他在聽話的與會者。

圖 24 ▶ 打斷落落長談話的組合法

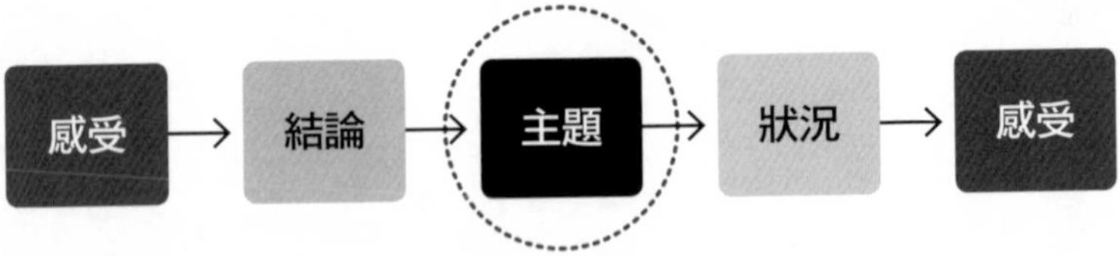

▼將主題放在結論及狀況之間，就能打造「重新回歸正確議題→聽取其他與會者意見」的順序。

採用這個流程，會讓氣氛醞釀出「反駁前者意見」的感覺。如此一來，就會偏離會議的議題，最後可能演變成「個人好惡」、「個人感想」的意見。因此，我們必須使用主題（回顧本來的議題）接續狀況，以聽取其他與會者的意見。

打斷對方說話的重點在於，別錯過對方說話的停頓。即使話講到一半，只要出現停頓，就可以把主導權搶回來。

【重點】聽話時可以邊記筆記，同時利用「感受↓結論↓主題↓狀況↓感受」的流程表達自己的意見。此外，使用感受要素時，應該同時關心說話者與聽者，並且把主題擺在兩者中間，重置對話順序。

CHECK LIST

☑ 當會議中出現天馬行空的意見時，若不想中斷會議的氣氛，發言時可以：

（1）肯定前面的意見。

（2）歸納前面的意見。

（3）根據前面的意見提出自己的看法。

☑ 討論焦點不斷擴散時，先分類大家提出的主題，接著加入數字整理內容。

☑ 再次確認不清楚的話題時，先說「不好意思，又要回到剛才的內容。」

☑ 必須潑冷水時，先表明「不好意思開口」，再出示數字佐證。

☑ 想要打斷說個沒完的人，可以先肯定他的意見，再確認正確議題，並詢問其他與會者的想法。

專欄 3

討論時，抱持「歸納所有意見」的心態

我總是會告訴自己，自己在開會時說的第一句話，應該先引用前位發言人的意見，因為開會召集眾人的目的是為了找出結論，並不是發表個人的意見。想在有限的時間內得出結論，但你卻覺得「說什麼都可以，意見越多越好」，只會造成反效果。

如果把某個人提出的觀點或意見比喻為一顆球，最理想的會議是所有與會者互相傳接球，最後順利將球投進終點。從這個觀點來思考，便可解決在會議中難以發言的兩個原因。

第一個原因是說話的時機。**如果把會議中交流的意見比喻為一顆球，當你發現自己可以將某個意見傳給其他人時，應該要迅速把球撿起來，這就是說話的時機。**

你覺得某人的意見不錯時，應該主動接下這個意見，進一步補充重點。若某人提出的意見中有你熟悉的資訊，也可以補充資料、附和別人，也不失為一個好的方法。附和好的意見、增添新的資訊，便能從好的意見出發、帶出結論。

開會時至少會有一個人積極發表意見。當你發現這樣的人，可以告訴自己「運氣真好！」因為你根本不需要自己踢球，只要盡量撿球就行了。相反地，當球越傳越接近終點時，盡量提出獨特的主張，以免把球踢往不同方向。

第二個原因是讓人困擾的說話內容。開會時最怕有人突然提出跳脫的內容，打斷良好的會議氣氛。我自己也害怕犯下這種錯誤，因此有時候不敢發言。

其實，只要附和你覺得不錯的意見，便可降低偏離主題的風險。不需要刻意附和別人，而是抱著「讓好意見繼續發展下去」的心情，思考自己接下來的說話內容。

如果你擔任會議的主席，不妨對他人的意見加上自己的評語，也可以幫助對話盡快抵達目標、得出結論。

舉例來說，如果你發現一個不錯的意見，可以作為會議結論的軸心。首先說明這個意見的優點，再詢問其他與會者，有沒有更多補強的資料及案例。如此一來，就不會偏離主題。

另一方面，如果你覺得發言者的意見好像偏離主題，請歸納偏離的部分，再向他人尋求下一個意見，就能修正會議議題的軌道。

理想的會議應該要由與會者團隊合作，不斷提出好意見，像堆雪球一樣越滾越大，同時朝會議終點前進。別急著講自己的意見，而是多傾聽他人的意見，這就是提出好意見的技巧。

IT'S A HAPPY QUARTER!

第6章

責罵改成「賦予勇氣」，對方變成你的愛將！

希望部屬完美達成任務，這樣說最給力

進公司幾年後，部門總會多幾位後輩，工作一段時間之後，也可能會多了自己的部屬。不過，該如何說話仍然是一個棘手的問題。

有些後輩和部屬可能剛進入社會、職場資歷不深，並不瞭解職場中的潛規則。因此，如何讓他們產生職場意識就顯得很重要。

第一個重點是，與其在結論說出你心中的正確答案，不如在對話中誘導對方如何抵達結論。第二個重點則是，在感受要素中不是說出當下的感受，而是表達「過去自己犯下相同失敗時的想法」，整理過去心裡的感受，並且向對方分享。

也許你認為只要告訴部屬該做什麼、直接指示工作會比較簡單。然而，你認為簡單的部分其實藏有陷阱。以我過去的經驗來看，交辦工作給後輩、部屬時，你必須預設聽者「只會做你請他做的事項」。

最常見的失誤就是交待「你去做這個」，但只下達主要指示，卻沒提到這件工作可能衍生的相關事項。

舉例來說，當你請對方將資料輸入電腦時，對方的確按照指示將資料完整輸入，卻沒修改到因資料變更而導致前後變化的部分。若是如此，即使對方只做了你交待的事項，你也不能有任何怨言。

因此，**下達指示的重點在於為什麼要請他做這件事，並且在表達中加入感受。將對方拿手的事或個性上的優點融入感受中，表示讚賞，即可與對方共享目標。**接下來請看以下範例：

對話範例

「我想請你獨自負責新客戶。由於你平常對客戶十分細心，我認為即使只有你一個人，一定能在對方滿意的情況下完成任務。（感受）

「可以請你針對今年春天上大學、正在找房子的高中畢業生以及其父母，

向他們推薦幾間符合條件的房屋嗎？（主題）
「先選出幾間符合房租預算八萬日圓、位於方便上下學的地區、單人居住的房屋，並將資料寄送 e-mail 給他們。（結論）
「最好能在本週內寄送十間房屋的資料，並請對方盡快回覆。若對方表示有喜歡的房子，請與客戶及房東協調看房子的時間。可以的話，最好一天看三家，方便客戶比較與考慮。可以麻煩你以三間房屋為目標，向對方推薦、協調嗎？（數字）」

利用各個要素整理交辦工作的重要因素後，分析結果如下：

說話要素

【感受】讚美後輩、部屬在工作方面的優點。並透過讚美讓對方認同自己：「我只要將自己的優點發揮在工作上就行了」。

【主題】交辦工作的目標。
【結論】為了達成工作目標，而向對方指示出具體的行動方式。
【數字】工作的完成日期、目標的預設數字（天數、件數、時間等）。

交辦工作後，如何燃起部屬及後輩的熱情也很重要。因此，我們可以利用主題及結論詳細提示目標。將工作交給他人時，應該要明白：你無法掌控這名接獲交辦事項的人。因此，明確告知天數等數字，可以讓工作更順利地進行。

【重點】推動他人的說話方式在於，先利用感受讚美對方的優點，因為讚美可以促使對方主動思考如何將優點應用在工作上。交辦工作的同時，應明確告知目標，並利用具體的數字說明必須完成工作的天數、目標數值、提案數量等數字。

點出部屬的失誤時，怎麼說保留面子超溫暖？

「交辦工作給部屬後，進行的方向和我設想的完全相反！」「後輩沒有聯絡接手的客戶，被客訴了！」如果發生這類自己預料之外的失誤，該怎麼辦？你是不是會忍不住質問後輩或部屬失誤的原因呢？

希望你這時可以先冷靜下來，回想自己過去的類似經驗。即使你現在已經成為一名出色的社會人士，年輕時也難免會犯錯。因此，請從客觀的角度檢視當時自己是否也曾犯錯，並且在對話中加入當時的感受與對方交談。

對話範例

「客戶問我們兩週前談的提案，為什麼後來都沒有聯絡了呢？（主題）

「如果提案的內容已經整理好，可以請你在今天之內與客戶聯絡，約時間過去說明嗎？（結論）

「最近是不是忙著處理其他工作呢？我以前也曾經忘記問客戶什麼時候方便提案。（感受）

「既然客戶已經主動聯絡詢問這件事，我認為最好先打電話給客戶，針對提案太慢這件事道歉。道歉後可以請你盡快跟客戶約時間嗎？如果在下次開會時就決定向客戶說明的內容，接下來工作也會比較順利。（狀況）」

必須提點後輩或部屬時，請注意兩個重點：第一是說話的順序，第二是別把感受與感情混為一談。

最重要的部分是開頭的主題，以及在結論簡單指示應該做的行動。對聽者來說，光是聽到「客戶主動聯絡自己的主管」，都會讓他心裡七上八下。

在結論表示「馬上聯絡客戶」或是「跟客戶約時間」，他會知道自己還能繼續負責這個項目而放下心中的大石頭。讓部屬放心後，可以再利用感受傳達自己也曾遇到類似經驗，或是為什麼失敗。

事情既然已經發生便無法挽回，不過在表達的順序下點工夫，可以讓部屬的心態轉為積極的反省。

說話要素

【主題】傳達的內容（壞消息等）。
【結論】針對壞消息指示應該採取的行動。
【感受】自己過去遭遇類似問題時的心情。
【狀況】彌補狀況的建議。

提點後輩或部屬時，同樣必須注意不能吐露感情，即使事情嚴重至被提出客訴也要忍耐，因為當感受化為感情後，對話的重點將會逐漸失焦。若說話者受到感情的影響，結果將讓對話的目的偏離傳達對策。

同時，對聽者來說，「被罵了」、「被當成出氣桶」會帶來強烈的衝擊，腦袋無暇思考如何應對，所以在緊急情況下吐露感情是非常危險的。

對話範例

（OK）「最近是不是忙著處理其他工作呢？我以前也曾經忘記問客戶什麼時候方便提案。（感受）」

（NG）「你到底在幹嘛？我之前就告訴過你這個客戶很重要吧？（感情）」

狀況越急迫，越難壓抑感情。但是請保持冷靜的心情，告訴自己每個人都會犯錯，並讓對方瞭解狀況與對策，才能避免下次再犯同樣的錯誤。

【重點】正面地向對方提出警告的發言，要先利用結論向後輩下達指示、該採取什麼行動。同時，在感受要素中傳達自己的失敗經驗，讓對方思考問題出在哪裡。在這類的對話中加入感情非常危險，請一定要忍耐，不要流露情緒。

部屬吐露煩惱時，你可以分享個人經驗並賦予勇氣

職場中經常遇到後輩來商量工作上的煩惱，當對方尋求你對工作及人際關係的建議時，應該站在對方的立場思考，同時在回答中加入具體的數字。

另一方面，不要只是冷靜平淡地分析狀況、敘述內容，這樣只會給聽者留下冷冰冰的印象。對話的重點在於設身處地理解對方煩惱的原因，再提出解決方案。

舉例來說，某位部屬找你吐露遲遲約不到新客戶的煩惱，想要商量如何解決。在這個對話中，可以使用感受作為開頭。

對話範例

「我跟你一樣，曾經有一段時間老是約不到新的客戶，（感受）

「聽了你的話，我發現你跟客戶聯絡、約時間去拜訪時，除了說明新產品跟請客戶撥冗之外，好像沒有讓客戶得知其他的資訊。（狀況）

「有時候，別只顧著推薦投資信託基金，也可以試著告訴對方具體的市場利率在這一年調降不少，可以換一種推薦方法。（結論）

「例如今年購買投資信託商品的顧客多了三成、年息跟定存比起來差多少百分比等，提出具體的數字後，客戶應該更能認同。（數字）」

這個對話中的各個要素的作用如下：

說話要素

【感受】自己曾經為了相同的事情煩惱，以及當時的真實感受。

【狀況】分析後輩正在煩惱的狀況。

【結論】針對煩惱應該採取的對策或行動。

【數字】補強結論的數字及資料。

向後輩提出建議時，應該與前文提到「指示工作」、「提點失誤」的方式相同，將自己過去的經驗巧妙地轉為感受，與對方共享。經驗不足的年輕人面臨事情不順利或遇到瓶頸時，難免感到不安，擔心「是不是只有我這樣？」先與對方分享經驗，讓他瞭解會陷入不安的不只一人，就能冷靜討論如何解決問題，並做出結論。

【重點】想要賦予對方勇氣，應該在對方覺得不安時，用感受告訴對方「不只你這樣」，或是聊一些使人安心的經驗。在對方產生共鳴後，你應該冷靜分析狀況、告知事實，並且加入數字，提供具體解決問題的方法。

CHECK LIST

- ☑ 交辦工作給後輩、部屬時，先讚美對方的優點。指出主要的工作之外，並且詳細說明可能連帶產生的工作。
- ☑ 必須提點、警告後輩或部屬時，請加入感受，告訴對方「我過去也有類似的失敗經驗」。
- ☑ 有人找你商量工作的煩惱時，可以先表示同感，並告訴對方自己以前也曾為了相同的事情煩惱，再具體告知解決問題的方法。

專欄
4

難免語帶情緒，切記客觀檢視自身感覺

本書有個非常重要的主題，是辨別感受與感情。我們在跟別人說話時，往往不自覺地讓自己的感情傾洩而出。然而，感情是百分之百從自己的觀點出發，這與本書的目標「感受是要站在對方的立場思考」恰恰相反。

在這個社會中，如果對話時加入太多感情，容易被人認為歇斯底里或自以為是。在充斥著壓力的世界中，在對話中吐露太多感情並不是一件好事。

如果不想在對話時吐露感情，秘訣之一是我不斷強調的：從對方的立場出發。**在傳達想法的主題及結論中，不是讓自己成為對話的主軸，而是設身處地，換個角度思考對方的想法。**

在本書提到的五個說話要素中，感受可以特別顯現出對方的想法和想知道的事。因此，只要意識到對方的立場，自己的感情就會自然而然地從對話中消失，形成良性循環。剛開始或許會覺得困難，但久而久之會越來越熟練。

我自己也一樣，只要一不注意就容易只顧著說自己的意見，無法擺脫不當的說話方式。尤其工作壓力越大，越容易吐露出自己的感情，我也會在當天回家後好好反省。

我畢竟是個普通人，感到壓力時難免會在說話中發洩自己的感情。這時候，可以「像在說別人的事般吐露自己感情」，這個方法可以在緊要關頭避免將感情加入對話。

舉例來說，為了讓企劃順利通過，明明已不斷與對方交涉、討論，但他卻遲遲不肯告知結果，時間一點一滴地流逝讓你感到焦躁不安。

「為什麼那個人一直不回答我？明明已經告訴過他，公司內部提案的時間要截止了，他根本不管我，好過份！」因為焦急與壓力可能讓你吐露這樣的感情。但這時應該先客觀審視，並分析自己陷入情緒的原因。

這個場合中，產生感情的過程應該是因為：

1. 一直沒得到回應。

2. 公司內部提案的時間快截止了。

3. 自己無法決定該怎麼做。

4. 「對方根本不管我，真過份！」

產生焦慮是因為自己無法決定該怎麼做，讓你陷入情緒，通常是沒發現這個原因。由於對方一直沒回應，所以你會覺得他根本不管自己，真過份！但你忽略了真正的原因，才會產生這樣的認知。

在這個情況下，我認為客觀審視讓自己焦慮不安的原因後，才能妥善告知主管或前輩。

如果能客觀傳達感情出現的原因：「我已經聯絡過對方很多次，一直沒得到他同意或否定的回應，不知道該怎麼辦，快要撐不下去了」，對方也能向你提出建議，或是一起思考對策。

如此一來，當你面對感到困擾的現狀時，便可以冷靜下來，打造讓對方提供協助的對話流程。感情出現起伏總是難以避免，不妨停下腳步嘗試用這招「感情分解法」找出問題。

NOTE

結語
這年頭，具有帶領眾人參與的溝通力最吃香

二〇一四年，媒體大肆報導「人工智能開發後可能被電腦取代的職業」，一時之間蔚為話題。該報導引用英國牛津大學研究ＡＩ人工智慧的邁可．奧斯本（Michael A. Osborne）副教授的論文〈工作的未來〉（*The Future of Employment*）。這篇論文認為，未來服務業、管理部門、業務員等職種很可能被ＡＩ取代。

另一方面，論文中也提到，他認為溝通和創意是ＡＩ無法取代的能力。也就是說，論文預測那些溝通能力強、富有創意的人正是下一個世代需要的人才。今後，人與人的溝通表達方式，會是一項越來越重要的技能。

我至今仍認為自己不擅長與人溝通，甚至覺得自己的表達能力很差。每當我提到這件事，對方都會說：「真的嗎？怎麼可能？」他人如此的反應讓我覺得慶幸。因為，這都多虧進入社會後不斷被別人提醒、從錯誤中學習才得到的技巧。

當我還在唸書時，一直覺得從事創意工作，只要有新鮮的創意與獨創性就夠了。**但進入社會、實際踏入職場才知道，讓別人瞭解自己的創意，並在工作現場率領眾人參與的溝通能力，遠比獨創想法來得重要。**

想要製作一個好的電視節目，不可能光靠一個人完成，一定需要眾人齊心協力。進入職場後，外出採訪時要向他人說明企劃內容、進行公司內部的企劃簡報，或是與工作人員分享資訊等，隨時都要跟各式各樣的人見面，同時不斷說明。

我在仙台NHK電視台工作時，學到要組織不同說話要素。感謝當時教我寫企劃書、教我組織架構的主管鍬利成先生，以及前輩、同事、後輩們。至今為止，對你們的感謝仍然無以言表。而且，看到同事貼在辦公室的便利貼，對於我學習組織架構有很大的啟發。

成為節目編劇後，在會議中討論如何將想法擴大、縮小，也讓我獲得許多寶貴的經驗。尤其是日本電視台「世界最想上的課」的節目會議，讓我學到在許多成員面前說話的技巧，以及淬鍊創意的方法。

我要感謝日本電視台身兼節目企劃及導播的福士睦先生、節目編劇櫻井慎一先生、堀江利幸先生、廣原伸彥先生、小山賢太郎先生，以及所有製作人與導播。我還要感謝後來邀請我擔任製作人，把製作節目的重責大任交給我的 WOWOW 有限公司。

製作人需要的能力正是溝通、簡報、說明。這段期間，我終於有機會使用這些工作後不斷摸索才學會的技能。

撰寫本書時，我再次深刻地體認到說話、溝通都需要策略。設定目標，並且思考要達成目標必須組合哪些要素，和以什麼方式傳達。感謝早稻田大學商學院的根來龍之教授，感謝您透過不斷問我「目標是什麼？」來指導我。

另外，我進入電視台不久後，因為工作的關係，得以與歌舞伎相關人士維持聯繫。他們教我如何關懷對方、站在對方的立場說話。感謝你們願意教導我如何感受對方的情緒，選擇遣詞用字及說話方法，在此致上最深的謝意。

最後，我要感謝 CrossMedia Publishing 的小早川幸一郎先生和播磨谷菜都生女士，你們讓我有機會撰寫本書。每次開會時，我總是問：「我的說話術真的能寫成書嗎？」感謝你們在這麼麻煩的狀況下，給我明確的建議。能完成這本書，都是兩位的功勞。

感謝各位讀者閱讀本書到最後，衷心期盼本書能成為您的助力。

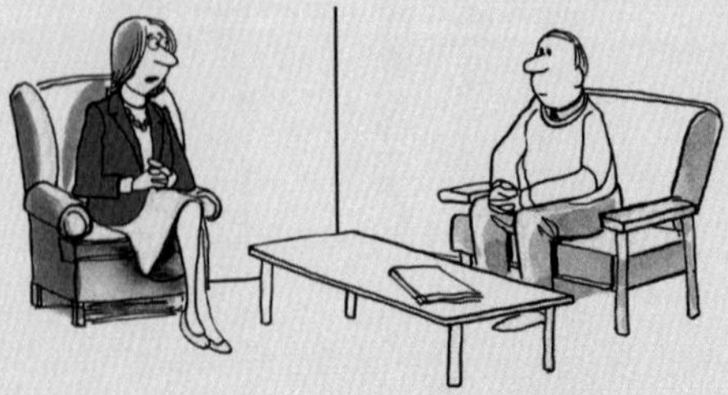

附錄

該如何用溫暖邏輯說服他人？複習一下吧！

※ 附錄為編輯部自行整理

以下共有 9 題選擇題，請從選項中勾選出最溫暖人心的說話方式，最後對照 250 頁的解答，檢視自己是否已經掌握用溫暖說服他人的重點！

【範例】

Q

主管：下個月即將上市的新產品，有什麼方法讓客群獲得資訊？

☐ A：我認為使用網路社群行銷，或透過網路名人推薦是個好方法。

☑ B：各位可能有不同意見，不過使用網路社群行銷，或透過網路名人推薦也是好方法。

☐ C：直接用 Facebook、Instagram 宣傳就好啦！又快又直接！

答案：B（詳情請見第 031 頁說明）

Q1 客戶：「其他公司使用這個廣告的效果不好，我們想更改廣告方式。」

☐ A：為什麼現在才說呢？而且已經投入很多經費在宣傳上了。

☐ B：但是這跟一個月前決定的結果不一樣，而且更改廣告方式，之前投入的宣傳效果會不足。

☐ C：按照之前討論的流程，這跟一個月前決定的結果不一樣，而且更改廣告方式，之前投入的宣傳效果會不足。

Q2 親戚：「年紀也不小了，有沒有交男（女）朋友啊？不打算結婚嗎？」

☐ A：關你什麼事？不要問我這種問題。

☐ B：為什麼會這樣覺得呢？

☐ C：平常忙著工作，哪有時間交男（女）朋友。

Q3 朋友：「週末說好要開車出遊，怕路上塞車，要不要提早出門？」

☐ A：可是難得假日想要悠閒一點，如果怕塞車的話，要不要改搭火車呢？

☐ B：謝謝你這麼貼心提醒，不過難得假日想悠閒一點，如果怕塞車的話，要不要改搭火車呢？

☐ C：還要提早出門喔？很累耶。

Q4 **主管：「關於這次商品促銷，希望各位可以協助支援活動。」**

☐ A：為什麼還要幫忙支援活動？平常已經很忙了！
☐ B：我這週有五個案子必須完成，沒有辦法支援活動。
☐ C：我也希望能為公司盡一份力，但這週有五個案子必須完成，可能無法支援活動。

Q5 **請長假的期間，想請主管找適合的人選代理工作。**

☐ A：要麻煩您協助處理我的工作真的很抱歉，但希望休假期間案子也能順利進行，我想若能請您協調D幫忙的話，應該能更順利結案。
☐ B：我請假期間，希望您能幫忙找人代理我的工作。
☐ C：關於這個案件的代理人，我想請教您的意見。

Q6 **想確認會議中方才議決的內容細節，但氣氛準備切換至下個議題。**

☐ A：剛剛討論的結果，是決定使用網路社群宣傳新商品嗎？
☐ B：不好意思又要回到剛才的討論內容。我想再次確認，是決定使用網路社群宣傳新商品，對嗎？
☐ C：所以剛剛討論的結果到底是什麼？

Q7 發現提案的活動內容不符合預算，必須更改內容。

□ A：這個活動內容會超出預算，這樣我們沒有辦法執行。
□ B：這個提案的活動預算過高，必須調整預算才能執行。
□ C：不好意思大家討論正熱烈，但是目前提案的活動內容會超出預算，是否要更改方向，或是調整預算呢？

Q8 部屬發錯商品，害公司遭到客訴。必須點出部屬的失誤。

□ A：客戶告訴我們發錯商品，你是不是因為手上太多案件，所以弄錯訂單呢？
□ B：客戶告訴我們發錯商品，你出貨前都沒有先檢查嗎？
□ C：連一個商品都可以寄錯，到底會不會做事啊？（憤怒）

Q9 後輩工作表現不理想，想與你商量如何突破困境。

□ A：我也曾經陷入很努力卻無法提升業績的狀況，聽了你的想法，我認為……
□ B：聽了你的想法，我認為你應該先找出問題點，並且建立改善對策。
□ C：無法提升業績，就表示你還不夠努力呀！再加把勁吧！

解答

Q1 **C**（請見 043 頁）

Q2 **B**（請見 054 頁）

Q3 **B**（請見 084 頁）

Q4 **C**（請見 172 頁）

Q5 **A**（請見 177 頁）

Q6 **B**（請見 204 頁）

Q7 **C**（請見 209 頁）

Q8 **A**（請見 228 頁）

Q9 **A**（請見 232 頁）

測驗結果

★答對 **9** 題：恭喜！你能夠用溫暖邏輯說服他人！

★答對 **5~8** 題：還有進步空間！請注意其中的一些細節，再接再厲！

★答對 **0~4** 題：別總是據理力爭或流露過多情緒！請從本書第一頁重新修行。

NOTE

國家圖書館出版品預行編目(CIP)資料

連卡內基都想學的將心比心說話術：在腦袋想 3 秒再出口，會讓聽的人感受甜 3 倍！
／富樫佳織著；侯詠馨譯. -- 二版. -- 新北市 : 大樂文化有限公司，2022.04
256 面；14.8×21 公分. --（Smart；112）

ISBN 978-986-5564-42-1（平裝）

1. 人際傳播　2. 溝通技巧　3. 說話藝術

192.32　　110012375

Smart 112

連卡內基都想學的將心比心說話術

在腦袋想 3 秒再出口，會讓聽的人感受甜 3 倍！
（原書名：連談判專家都讚嘆的 6 堂超溫暖說服課）

作　　者／富樫佳織
譯　　者／侯詠馨
封面設計／蕭壽佳
內頁排版／思　思
責任編輯／林嘉柔
主　　編／皮海屏
發行專員／鄭羽希
財務經理／陳碧蘭
發行經理／高世權、呂和儒
總編輯、總經理／蔡連壽

出 版 者／大樂文化有限公司
地址：新北市板橋區文化路一段 268 號 18 樓之1
電話：（02）2258-3656
傳真：（02）2258-3660
詢問購書相關資訊請洽：2258-3656
郵政劃撥帳號／50211045　戶名／大樂文化有限公司

香港發行／豐達出版發行有限公司
地址：香港柴灣永泰道 70 號柴灣工業城 2 期 1805 室
電話：852-2172 6513　傳真：852-2172 4355

法律顧問／第一國際法律事務所余淑杏律師
印　　刷／韋懋實業有限公司

出版日期／2018 年 12 月 3 日
2022 年 4 月 19 日二版
定　　價／280 元（缺頁或損毀的書，請寄回更換）
I S B N　978-986-5564-42-1

版權所有，侵害必究

YAWARAKA LOGICAL NA HANASHIKATA
©KAORI TOGASHI 2017
Original published in Japan in 2017 by CROSSMEDIA PUBLISHING CO., LTD.
Traditional Chinese translation rights arranged with CROSSMEDIA PUBLISHING CO., LTD.
through TOHAN CORPORATION, and Keio Culture Enterprise Co., Ltd.
Traditional Chinese translation copyright © 2022 Delphi Publishing Co., Ltd.

大樂文化

大樂文化